小学校前に
みるみる算数力がつく
15の習慣

お風呂で唱えるだけで算数力がアップ!
「お経式暗算法」ミラクルシート付き

脳科学の
最先端が
明かす
新メソッド

京都大学名誉教授・医学博士
久保田 競

脳科学おばあちゃん
久保田カヨ子

ダイヤモンド社

本書の活用ガイド

世界で最も権威がある脳の学会「米国神経科学会」で行った発表は、日本人最多の100点以上にのぼり、現代日本の「脳科学の権威」である久保田競(84)。

テレビなどで「脳科学おばあちゃん」として有名で、この20年で3000人以上の赤ちゃんや幼児の脳を活性化してきた久保田カヨ子(84)。

この２人が初めて、**「0《ゼロ》の概念」**が自然と身につく算数力アップの秘密兵器を開発しました。

それが初公開の……


お風呂で唱えるだけで算数力がアップ！

「お経《きょう》式暗算法」ミラクルシートです。


巻末特典のミラクルシートをはさみで切りとり、お湯につけてお風呂の壁にピタッと貼れば、あらら不思議……「ただのお風呂空間」が「驚きの算数力アップ劇場」に変わります！

オモテが**「ひとケタのたし算」**(巻頭口絵④～⑤ページ)、ウラが**「ひとケタのひき算」**(巻頭口絵⑥～⑦ページ)！

ぜひ、親子で楽しみながら、声に出してやってみてくださいね。

［注意事項とお願い］
- ●すべって転倒する場合がありますので、お風呂の床面には置かないようにご注意ください。
- ●やけどや変形・変質のおそれがありますので、火気には近づけないでください。
- ●合成紙「ニューユポFGS」を使用した製品です。入浴時のお湯には十分耐えられる対策をしておりますが、インクが色落ちする場合がありますので、ご利用にあたっては洗剤・化粧品などがかからないようにご注意ください。
- ●使用環境によっては、ポスターとお風呂の壁の間にカビが発生したりする場合がありますので、定期的に壁からはがしてご使用ください。
- ●コンクリート壁、木壁、土壁、塩化ビニール壁などには使用できません。
- ●サイズ／本体：たて356mm×よこ550mm

巻末特典

お風呂で唱えるだけで算数力がアップ！

「お経式暗算法」ミラクルシート

ひとケタの「たし算」

5	6	7	8	9
5 5たす0=5	6 6たす0=6	7 7たす0=7	8 8たす0=8	9 9たす0=9
6 5たす1=6	7 6たす1=7	8 7たす1=8	9 8たす1=9	
7 5たす2=7	8 6たす2=8	9 7たす2=9		
8 5たす3=8	9 6たす3=9			
9 5たす4=9				

読むだけで、
概念」が
ってきますよ

すで算数力がアップ！「お経式暗算法」ミラクルシート

ケタのたし算

脳科学おばあちゃん

小1修了時の算数力がたった1枚でつきます

お風呂にピタッと
貼れます

ここから
スタート!

	0	1	2	3	4
+0	0 0たす0=0	1 1たす0=1	2 2たす0=2	3 3たす0=3	4 4たす0=4
+1	1 0たす1=1	2 1たす1=2	3 2たす1=3	4 3たす1=4	5 4たす1=5
+2	2 0たす2=2	3 1たす2=3	4 2たす2=4	5 3たす2=5	6 4たす2=6
+3	3 0たす3=3	4 1たす3=4	5 2たす3=5	6 3たす3=6	7 4たす3=7
+4	4 0たす4=4	5 1たす4=5	6 2たす4=6	7 3たす4=7	8 4たす4=8
+5	5 0たす5=5	6 1たす5=6	7 2たす5=7	8 3たす5=8	9 4たす5=9
+6	6 0たす6=6	7 1たす6=7	8 2たす6=8	9 3たす6=9	
+7	7 0たす7=7	8 1たす7=8	9 2たす7=9		
+8	8 0たす8=8	9 1たす8=9			
+9	9 0たす9=9				

[注意事項とお願い]
- すべって転倒する場合がありますので、お風呂の床面には置かないようにご注意ください。
- やけどや変形・変質のおそれがありますので、火気には近づけないでください。
- 合成紙「ニューユポFGS」を使用した製品です。入浴時のお湯には十分耐えられる対策をしておりますが、インクが色落ちする場合がありますので、ご利用にあたっては洗剤・化粧品などがかからないようにご注意ください。
- 使用環境によっては、ポスターとお風呂の壁の間にカビが発生したりする場合がありますので、定期的に壁からはがしてご使用ください。
- コンクリート壁、木壁、土壁、塩化ビニール壁などには使用できません。
- サイズ／本体たて356mm×よこ550mm

声に出して
「0《ゼロ》の
自然と入

お湯に
つけると
ピタッと
つく!

お風呂で唱えるだ
ひと

巻末特典

お風呂で
唱えるだけで
算数力が
アップ！

「お経式暗算法」ミラクルシート

ひとケタの「ひき算」

4	3	2	1	0
4 4ひく0=4	3 3ひく0=3	2 2ひく0=2	1 1ひく0=1	0 0ひく0=0
3 4ひく1=3	2 3ひく1=2	1 2ひく1=1	0 1ひく1=0	
2 4ひく2=2	1 3ひく2=1	0 2ひく2=0		
1 4ひく3=1	0 3ひく3=0			
0 4ひく4=0				

©Rika Okabe

ターしたら、
小学1年生！
読んでみよう

で算数力がアップ！「お経式暗算法」ミラクルシート

ケタのひき算

脳科学おばあちゃん

お経のように
唱えるだけで
算数好きな子に！

世界最先端の
脳科学に基づく新メソッド！

ここから スタート!	9	8	7	6	5
−0	9 9ひく0=9	8 8ひく0=8	7 7ひく0=7	6 6ひく0=6	5 5ひく0=5
−1	8 9ひく1=8	7 8ひく1=7	6 7ひく1=6	5 6ひく1=5	4 5ひく1=4
−2	7 9ひく2=7	6 8ひく2=6	5 7ひく2=5	4 6ひく2=4	3 5ひく2=3
−3	6 9ひく3=6	5 8ひく3=5	4 7ひく3=4	3 6ひく3=3	2 5ひく3=2
−4	5 9ひく4=5	4 8ひく4=4	3 7ひく4=3	2 6ひく4=2	1 5ひく4=1
−5	4 9ひく5=4	3 8ひく5=3	2 7ひく5=2	1 6ひく5=1	0 5ひく5=0
−6	3 9ひく6=3	2 8ひく6=2	1 7ひく6=1	0 6ひく6=0	
−7	2 9ひく7=2	1 8ひく7=1	0 7ひく7=0		
−8	1 9ひく8=1	0 8ひく8=0			
−9	0 9ひく9=0				

これをマス
明日から
大きな声で

お湯につけるとピタッとつく!

お風呂で唱えるだけ

ひと

アインシュタインの脳は「1230グラム」あった！

（→190ページ）

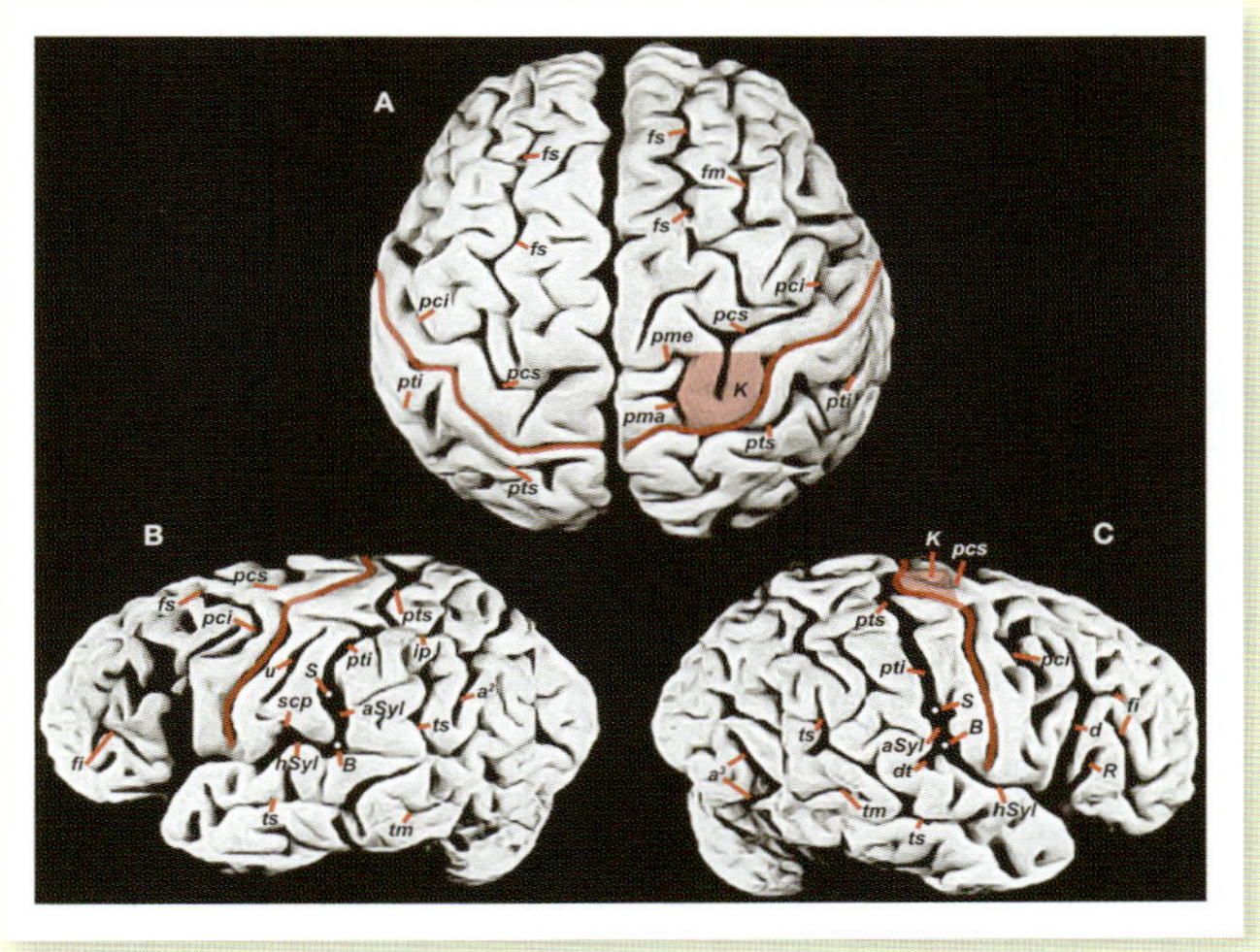

"New Information about Albert Einstein's Brain."「Frontiers in Neuroscience, 2009;1:3」by Dean Falk

「相対性理論」でノーベル物理学賞を受賞した20世紀の大天才、アルバート・アインシュタイン（1879～1955）の脳画像が昨今、本格的に解析された。

すると、なんと、「1230グラム」もあったという。

上の画像が、ほとんど公開されたことがないアインシュタインの脳だ。

Aが脳の前頭前野を「上」から、Bが「左」から、Cが「右」からそれぞれ撮ったもの。

６歳からバイオリンをやっていたアインシュタインの脳の中心溝（A、B、Cの太く赤い線）は、普通の人より長くて、くねくね曲がっている（長くなった中心溝は、ギリシャ文字のΩ〈オメガ〉がひっくり返った形から“逆オメガ・カーブ”と呼ばれている）。

また、アインシュタインは、日々、数を使って考えることをしていたために、側頭・頭頂連合野（後部頭頂皮質）で数の処理をする下部頭頂皮質も普通の人より大きいことが報告されている。

最新脳科学に基づいた本書の「お経式暗算法」で算数力を磨けば、あなたの子も「アインシュタイン脳」になれる！

はじめに
「算数力」を磨くと、なぜ「おもいやりのある子」に育つのか？
――「脳科学おばあちゃん」からのメッセージ

おかげさまで、「カヨ子ばあちゃん」シリーズは、累計38万部を突破しました。
私は、子育ての軸に、「**算数力を磨く**」ことをずっと重視してきました。
ただ、これまで「算数力に絞った本」は一冊も出していません。

そこで、84歳を迎えた今、これだけは言っておかないといけないという気持ちがふつふつと湧き起こってきたので、「算数力」の本を出版しようと決意しました。

なぜ、早期から「算数力」を磨いたほうが「**得**」なのでしょうか？
なぜ、「数学的センス」を**早期から刷り込んでおくべき**なのでしょうか？

算数力がつくと、
情緒やおもいやりが
はぐくまれる

私自身が算数や数学から得た恩恵は、なんと言っても、論理の組み立てが速くなったことと、**「およそ」「約」などの〝概算計算〟のミスが圧倒的に少なくなった**ことです。

算数と数学を切り離しては、合理的な発想や創造的な発想は生まれてきません。

ただ、算数力を磨く、数学的センスをきたえると言うと、論理的（合理的）な思考力を磨くことだと思われがちですが、それだけではありません。

人間として生きていく基本である**情緒やおもいやりという、今の教育から抜け落ちている「日本人としての心」がはぐくまれる**——これが、**私が「算数力」をなによりも重視する理由**です。

算数力をきたえ、脳の前頭前野が働くようになると、社会性が生まれ、情緒やおもいやりが生まれてくるのです。

近年、脳科学研究の最前線で、**〝衝撃的な報告〟**がされました。

暗算が速くできるのは、**子どもの知能指数（ＩＱ）、記憶力、読み書き能力などとは関係ない！**　というのです。

つまり、先天的なセンスは関係なく、**暗算「回数」が多ければ多いほど、計算が速くでき、脳の海馬の容量が比例して大きくなる。健康な子なら、誰でもできる**、というのです。

また、米国の最も信頼に値する心理学の雑誌にも、**驚くべき報告**がされました。

みなさんは、国語、算数、社会の中で、どの能力が高いと、その後の人生で成功する確率が高いと思いますか？

それが、「**算数**」だということが、証明されました。

算数のキモが「**暗算**」なのです。

驚きではありませんか？

お風呂で遊びながら
親子でやる「お経式暗算法」

本書では、巻末特典の**「お風呂で唱えるだけで算数力がアップ！『お経式暗算法』ミラクルシート」**を使った**「お経式暗算法」**を初公開します。

「ひとケタのたし算・ひき算」をお風呂で唱えるだけで、**私が算数力で最も重視する「0《ゼロ》の概念」とともに、小学1年修了時の算数力の基本が自然と身につく画期的な方法**です（さらに、その上を行きたいという方へは「スーパーエリート養成・特別講義」もありますのでご期待ください）。

なぜ「クボタメソッド」では、0《ゼロ》を重視するのか？

私から言わせれば、**「0《ゼロ》を教えずして、算数など学ぶ必要はない」**というくらい、**算数で「0《ゼロ》の概念」は非常に重要**だからです。

市販のお風呂に貼れるたし算のシートを見ても、「1＋1＝2」から始まるものばかりで、本書のように「0＋0＝0」から始まるものは、ほとんどありません。

0《ゼロ》を早期からしっかり教えることで、算数力が磨かれ、算数好きな子になり、将来的には**数学的センスが開花**してきます。

本書では、その前に、**算数力の土台をつくる「行動パターン学習法」**を6つ紹介しました。

算数力をつけるには、なによりもまず、生活習慣の基本動作である**「行動パターン学習法」を身につけないと台無しになる**からです。

この土台がしっかりできてから、「お経式暗算法」で「算数力」を磨くと、ほかの子とはまったく違うスピードで数のセンスが研ぎ澄まされ、たとえ**2歳でも、小1の算数がとける**ようになるのです。

今こそ、日本古来の暗算の作法を、**〝一生モノの財産〟**として子どもたちにプレゼントしてあげてください。

そして、「算数力」という強力な武器で、世間の荒波を**生きぬく子**を育ててください。

お母さん、お父さん、いつも応援しています！

２０１６年7月吉日

脳科学おばあちゃん　久保田カヨ子

「クボタメソッド」120%フル活用法と本書の7大特長

本書は、数が言えるようになった未就学児から小学3年生くらいまでのお子さんを対象にしています。

0歳児からの具体的な育児術については、『赤ちゃん教育——頭のいい子は歩くまでに決まる』、0歳からの心がまえについては、『0歳からみるみる賢くなる55の心得』、1歳・2歳・3歳児の具体的な育児法は、『1歳からみるみる頭がよくなる51の方法』をご覧ください。

本書の7大特長

1 「**お風呂で唱えるだけで算数力がアップ！『お経式暗算法』ミラクルシート**」を使うだけで、「**0《ゼロ》の概念**」とともに、**小学1年修了時の算数力の基本**が自動的に身につく

2　算数力の土台をつくる6つの「**行動パターン学習法**」で、**算数好き**になる

3　国内一流大学だけでなく、**海外のエリート校**に入る際にも必要な「**論理的思考力**」がつく

4　**集中力**がつくので、**文武両道に秀でた子**になる

5　脳の前頭前野が働きだすので、「短期記憶」（ワーキングメモリー）も海馬の「長期記憶」も両方よくなり、**記憶力のいい子**になる

6　算数力がつくと、「**抽象的な思考力**」もアップし、人間関係に長《た》けた**バランスのよい子**に育つ

7　**【解説】**→**【脳がみるみる賢くなるトレーニング】**→**【競博士のひと言】**の３ステップで、算数力や数学的センスが身につく

ほかの本とはここが違う

世界で最も権威がある脳の学会「米国神経科学会」で行った研究発表は日本人最多の１００点以上にのぼり、現代日本において「**脳、特に前頭前野の構造・**

機能」研究の権威である久保田競。

対して、約30年前に、日本における伝統的な母子相伝の育児法と自身が米国で体験した欧米の育児法を参考に、夫・競氏の大脳生理学に裏づけされた独自の「クボタメソッド」を確立。**この20年で3000人以上の赤ちゃんの脳を活性化**してきた「脳科学おばあちゃん」こと久保田カヨ子。

本書は、**この2人が初めて「算数力」を解説した一冊**です。

PART1では、どうしたら、小学校前に算数力がつくのか、PART2では、**算数力の土台をつくる6つの「行動パターン学習法」**を解説。

PART3では、**「お経式暗算法」を使った算数力アップの9つの習慣**を紹介します。

本文中の「競博士のひと言」では、各項目の科学的、伝統的な裏づけや、注意してほしいポイントなどをまとめました。

巻末特典には、お風呂で、お子さんと「ひとケタのたし算・ひき算」を唱え

るだけで、「0《ゼロ》の概念」と小学1年修了時の算数力の基本が身についてしまう「**お風呂で唱えるだけで算数力がアップ！『お経式暗算法』ミラクルシート**」があります。

お湯や水につけると、ピタッとつくシートですので、ぜひ、お子さんと大きな声を出して、笑いながらやってみてください。

これを早くからやっていれば、**小学1年の入学式を迎えるころには、ほかの子と大きな差**がついていることでしょう。

子どもの算数力を磨く3つのコツ

1　育児・子育ての目的は、ほかの子をわが子と比較して見るのではなく、子どもにはその子しかない「成長の仕方」があり、その子の脳の働きを可能な限り最大に伸ばすこと。つまり、**個性ある人間に育てる〝手助け〟**をすることにあります。算数力を磨くときも、この基本を忘れてはいけません。

子どもの
算数力を磨く
３つのコツ

2　子どもの〝**プライドや人格**〟を**おおいに尊重**し、肌と肌の接触を大切にしながら、子どものやる気を自然と引き出してみてください。

3　本書のノウハウは、私自身の日本と米国での育児経験をもとに、脳科学的に裏づけられ、生活の知恵として合理性があり、伝統的にも認められるものだけを厳選しています。

すでに「くぼたのうけん」や「リトルランド」の現場で、**2歳児以降のお子さんに実践済**です。どうぞ安心してお使いください。

本書は必ず役立つと信じております。
親子で遊びながら、**ただ数を暗唱するだけで、親子の固い絆がつくられる一石二鳥の育児法**です。

※『1歳からみるみる頭がよくなる51の方法』で五感を磨きながら、本書で算数力を「声に出して遊びながら磨いておく」ことは、**お子さんの一生モノの**

財産になります。

これだけは、**お母さん、お父さんにしかできないこと**です。

自分で考え、自分で行動し、責任を持てる子に育っていくよう、この本に書いてあることを、どんどん実践してみてください。

お母さん、お父さん、いつも応援しています！

『小学校前にみるみる算数力がつく15の習慣』
――お風呂で唱えるだけで算数力がアップ！「お経式暗算法」ミラクルシート付き

目次

PART 3

「お経式暗算法」のミラクルシートで、
みるみる算数力がつく9つの習慣

PART 1

「脳科学おばあちゃん」が初めて明かす

算数力がつく秘密

「暗算」が前頭前野をきたえるって、ホント⁉

大学全入時代を迎えた今でも、一流大学に入学するには、難関試験に合格しなければなりません。

世界中の大学関係者の常識となりつつあることに、入学試験で数学の成績がいい学生は大学での成績もよく、就職後も成功する傾向が強いということがあります。

個人だけでなく国力でも、数学力があるほど、国内総生産（GDP）も大きくなる傾向があるので、OECD（経済協力開発機構）の学習到達度調査（PISA）でも、数学力を重視し、数年ごとに加盟国学生の数学的リテラシー（応用力）を調査しています。

数学に強くなるには、**数で考える**ことができなければなりません。

そのために、まず、一番の基礎となる「**算数**」に強くなければなりません。

そして、算数力をつけるには、**数の計算**ができなければならないのです。

道具を使わないでやる数の計算が「**暗算**」です。

暗算は、脳で一番大事なところである「**前頭前野**」で行われています。

英語では、暗算のことを「mental calculation（メンタル・カルキュレーション）」、中国語では「心算」と言います。

暗算は脳で行われているのが明白なのに、日本語での暗算は、「筆算」の反対語となっていて、〝書かないでこっそりやるもの〟というイメージがあります。

そのために、暗算とは「数で考えること」という認識が生まれにくい状況です。

しかし、**数で考える暗算は、前頭前野をきたえるひとつの重要な方法**なので、

早期から暗算すると、
脳が賢くなる！

少しでもできるようになったら、なるべく早く徹底的にできるようにしたほうがいいのです。

1～9、10までの数が言えるようになったら始められるので、本書では早期から勧めています。

私は、幼いときから算数に強く、計算が得意でした。

そのため、幼少期から、わりと合理的な思考ができたように思います。

これは、先天的な資質というよりも、親からそうなるように、**後天的に訓練**されたからです。

じつは、私の父親が経営する会社の社長になるように、小学校へ行く前から「帝王学」を訓練されていたのです。

そのため、商品を売ったらいくら儲かるか？　幼いときから私は、たちどころに計算することができました。

小学生のとき、親から小遣いを渡され、少しずつ貯めるように言われました。

銀行に預けるのと、郵便局に預けるのではどっちが増えるか？

どちらの金利がよくて、金利がいつ支払われるかを調べ、双方に預金。入出金を繰り返し、**小遣いを自分で稼いでいた**のです。

脳の前頭前野がよく働くようになると、学校での勉強ができるようになるだけでなく、**社会性**が生まれ、**人づき合い**がうまくなります。人と話していても、相手の言うことだけでなく、気持ちもよくわかるので、相手に対する**情緒やおもいやり**も生まれてくるわけです。

夫で脳科学者の久保田競によれば、就職後も、収入の高い職に就《つ》いたり、結婚してもうまくいく傾向がある。また、病気になりにくく、長生きする傾向もあることが、**最新の脳科学研究で裏づけられています。**

「脳科学の権威」が愕《がく》然とした最新の「脳科学」研究とは？

夫の久保田競も、２０１４〜２０１５年に行われた**「子どもの計算メカニズムの研究」発表に愕然**としたと言います。

その発表とはどんなものなのでしょうか？

子ども（小学校低学年が被験者、７〜10歳ごろ）も大人も計算は、前頭前野でしています。

「計算とは、数で考えること」なので、前頭前野でするのが当然ですが、**子どもは前頭前野で計算して、答えを前頭前野で「短期記憶」**しています。

一方、大人も計算するときは前頭前野でしていますが、答えを**海馬と頭頂葉で「長期記憶」**しているのです。

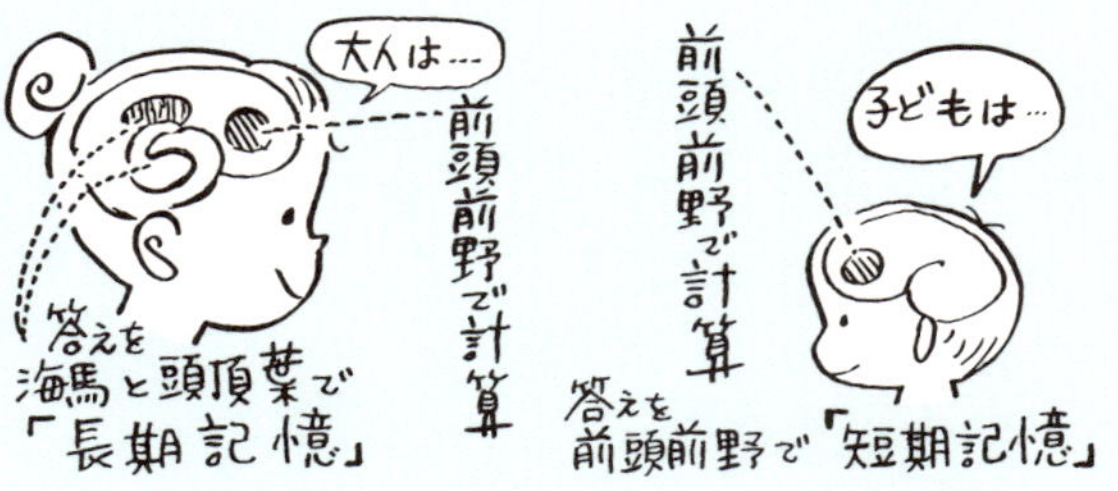

「子どもの計算メカニズムの研究」で驚くべき発見が！

数が言えるようになった子どもに、「1たす1は、いくら？」と聞いてみます。

「1」と言ったときは、首を振ったり、指を1本曲げたりしてみましょう。

続けて「たす1」と言うとき、最初に「1」と言ったときのように、首振りや指曲げをして、「2」と答えます。

「エッ！　なんと答えた？」と聞いてもなかなか答えられません。

子どもは、すぐに忘れてしまうからです。

ときには、間違った答えを言うこともあります。

子どもは計算時に、指を動かすなどの余分な運動（カウンティング行動）をするので、すぐには答えられません。答えは「前頭前野」で記憶しますが、ずっと覚えていられないので、間違って答えるのです。

大人が正確な計算ができるのは、「長期記憶」を司どる海馬が働いているからです。

子どもの海馬はまだ働いていないのです。

ただ、**子どもでも、何度も計算を繰り返していると、カウンティング行動が少なくなり、海馬が働くようになってきます。**

海馬がだんだん大きくなると、速く計算できるようになって、間違いが少なくなるのです。

子どもの「海馬」が急激に「大人の」海馬になる瞬間

暗算をしたことのない子どもの海馬は、暗算をしても働いていません。

暗算を繰り返すと、前頭前野に「短期記憶」された答えが「長期記憶」されるようになり、海馬が急激に〝大人の海馬〟になります。

暗算を繰り返しさえしていけば、**子どもでも海馬がみるみる成長**していくのです。

暗算さえやれば、
子どもでも
海馬がみるみる
成長する！

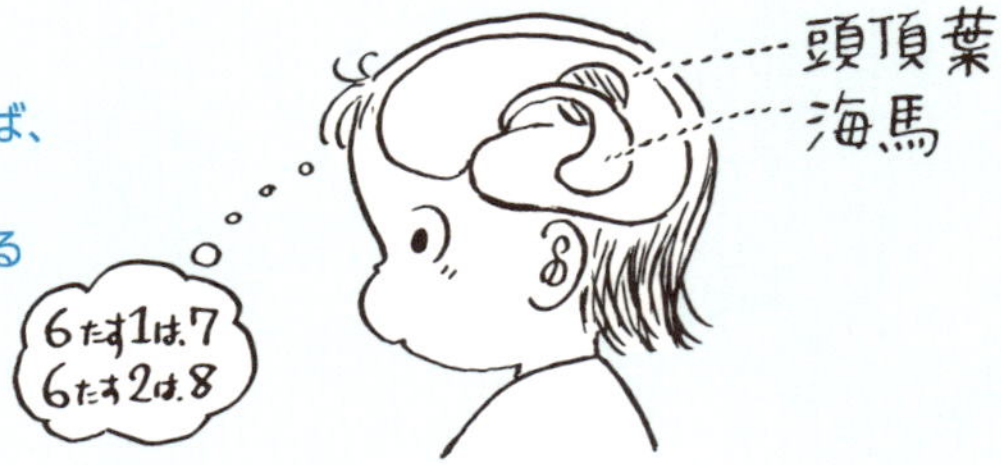

大学受験の数学の試験で成績のいい子は、**数の計算を処理する「頭頂葉」が大きくなっている**ことが報告されています。

また、**暗算を幼少期に始めたほうが、数の計算を処理している「頭頂葉」が大きくなりやすい傾向**があります。

海馬が大きくなると「長期記憶」が増し、「頭頂葉」が大きくなると数に関する理解が深まります。

こういったことが、脳科学の世界で報告され始めました。

だからこそ、**暗算の早期教育をしたほうがいい**のです。

数が言えるようになれば、**どんな子でも必ず暗算ができる**ようになります。

初公開！　「お経式暗算法」で
小１修了時の算数をらくらくマスター

「お経式暗算法」で、小1修了時の算数力がつく

本書では、ひとケタの計算（たし算とひき算）がスラスラできるよう、計算の答えを並べた「**お経式暗算法**」（↓142ページ）を初公開します。

143ページ以降の表の数字を読み上げて、表を見ないで言えるようになれば、**小学1年修了時の算数力の基本が身についた**ことになります。

数の意味を理解すれば、読み上げているうちに数の大小はわかるので、計算方法を教えなくていいのです。

たし算の場合、数は「小」から「大」になるように並んでいます。

計算は、1からではなく0《ゼロ》から始まっていますから、「お風呂で唱えるだけで算数力がアップ！『お経式暗算法』ミラクルシート」も「0《ゼロ》」から始まって

います（→巻末特典）。

これは、**「クボタメソッド」が最も重視する「0《ゼロ》の概念」**をいち早く覚えてもらうためです。

計算の答えを、繰り返し言っているだけで、数の大小はわかってきます。「お経式暗算法」は、数の大小がわかって初めてできることなので、数が言えて数の大小がわかってきたら、すぐに始めましょう。

やればやるほど計算が速くなって、計算好きな子になります。

IQは関係ない！暗算「回数」だけが明暗を分ける

前述のとおり、最新脳科学では、暗算が速くできるようになるために、**子どもの先天的な能力は関係ない、という驚くべきことが報告**されています。

IQよりも暗算「回数」がすべて

つまり、**子どもの知能指数（IQ）、記憶力、読み書き能力などとは関係ない！暗算「回数」が多ければ多いほど、計算が速くできるようになり、海馬の容量が比例して大きくなっていく**というわけです。

海馬を経由して覚えたことは、なかなか忘れないものです。

「お経式暗算法」をマスターすれば、数の大小をつかみながら、確実に計算ができるようになっていきます。

普通の子が、暗算を覚え、数で考える習慣を身につけたら、**算数や数学が得意科目となって自信がつき、みるみる「天才脳」になっていく**でしょう。

数の理解に男女差があると思われるかもしれませんが、今のところ、7歳までに男女差があるという報告はありません。

英語などの外国語の訓練や生活習慣でも、はじめは前頭前野を使って「短期記憶」（ワーキングメモリー）として覚え、それを繰り返し覚えていくと海馬が働いて「長期記憶」となり、最終的に意識しなくてもできるようになります。

なぜ、算数力の前に「行動パターン学習法」が必要なの？

「クボタメソッド」には、0歳からの赤ちゃんの前頭前野が活発に働くよう、運動や行動に関する独自のプログラムがあります。

このプログラムによって、**前頭前野の「短期記憶」（ワーキングメモリー）も海馬の「長期記憶」も両方よくなります。**

この効果は、見た目にも、小学校に上がる前から感じられます。

わが子が、自分で「行動する・しない」を決められ、記憶力がいいことを実感できると、お母さんやお父さんは、小学校に上がるのが楽しみになってきます。

通常、「お経式暗算法」は、ひとケタの暗算で、大人が読み上げても2分く

算数力の土台をつくる「行動パターン学習法」

〝算数力の土台〟をつくろう
行動パターン学習法

らいかかりますから、子どもならもっと時間がかかります。

でも、「お経式暗算法」を速くマスターできるコツがあります。

それは、いきなり「お経式暗算法」にとりかかるのではなく、日常の基本的な運動や行動がうまく続けられるよう、まず、**行動パターン学習**を徹底的にやることです。

そのために、本書では、「**行動パターン学習法**」をＰＡＲＴ２で詳しく紹介します。

これをやるかやらないかで、**その後の算数力の伸びしろが変わってくる**ので、ここでしっかりと〝**算数力の土台**〟をつくってください。

「お経式暗算法」も「行動パターン学習法」のひとつです。

暗算をやっていると、すぐに前頭前野が働くようになるので、なるべく早くできるようにしてあげましょう。

「1と2の違い」、特に「0《ゼロ》の概念」が重要！

「カウントダウン効果」で算数力をきたえる

子どもが言葉を使えるようになると、1～10まで、1～100までの数を、徐々に言えるようになり、親の自慢の種になります。ただ、**このことにだまされてはいけません**。数をどれだけ言えても、最初は意味がわからないで言っているだけです。おうむ返しに、ただ言っているだけなのです。

私の息子も、早くから数を数えることはできましたが、私が認めるのはそんなことではなく、**算数力や数学的思考の基本**を身につけているかどうか、ということでした。

私は、「**算数力のある子**」「**数学的センスのある大人**」になってほしいと願っていましたので、そのための条件を小さいころから整えて育てました。

単なる数字の暗唱はさせたことがなく、「**1と2の違い**」、**特に**「**0《ゼロ》の概念**」

カウントダウン方式で
「0《ゼロ》の概念」を
自然にマスター

をどうつかませようかと苦心しました。

当時（1960年代前半）、世界中でロケット開発がさかんで、ニュース番組でも「スリー・ツー・ワン・ゼロ！　ゴーッ」という発射音が響きました。

私はこれを、**「時間がなくなる」表現**として非常にわかりやすいと思い、わが子の脳力開発にどんどん利用しました。

「早くして、ほら、テン、ナイン……」とか、**「5つ数えるまでにしてね！　5・4・3・2・1・0」**と言って、よく息子をせかしたものです。

瞬発力をつける動作をするとき、「イチ・ニ・サン」と言う日本式と、米国式の「カウントダウン方式」では、どうも発想の違いを感じざるをえません。

「1」から数が始まるのは、**「0《ゼロ》の概念」が数字から入ってこない**ように思えたのです。

ですから、今回特別に、巻末特典の「お風呂で唱えるだけで算数力がアップ！『お経式暗算法』ミラクルシート」では、「ひとケタのたし算・ひき算」の暗算をするだけで、「0《ゼロ》の概念」が自然と入ってくるように設計しました。ぜひ、

ご活用ください。

カヨ子式みるみる算数力がアップする言葉がけ

カレンダーも時計も、私は**「算用数字のはっきり書かれたもの」**を選び、息子たちに見せ、**会話の中にもあえて数を入れる**ように心がけました。

「時計の長い針が5のところへくるまで、10分待っていて」と具体的に言い、あやふやな「ちょっと」「すぐ」などの時間差は、母子に通じる暗号のようなものだということを、**息子たちが理解してから**使いました。

また、数字を書くときも、漢字やカナ文字と同じように正しく書くように言い、**「やせっぽちの7」や「太っちょの5」などは認めず、字に大小はない、「1」も「9」も同じスペースに書く**ように命じました。

「やせっぽちの7」や「太っちょの5」などは認めず、「1」も「9」も同じスペースに書く

「0〜9」までをひとまとめにして「1〜10」とまとめない

それができないうちは、字など書かなくていいと思っていました。

数字を横に続けてくっつけて書くことにも、

「そんなにくっつけると、数えられないほどの数になるんだよ」

と注意して、位どりがわからないのに、**親の欲目で勝手に読みとってほめてやることは絶対にしませんでした。**

また、細長いカードに0〜9までをひと組にして何組もつくり、そのカードで遊びを工夫しました。

電話番号や、スポーツのスコアなどをマネて並べたり、バスの行き先などをカードでつくるうちに子どもは、**「記号としての数」**と、**「ある大きさの意味を持つ場合の数」の存在**を知ります。

カードを整理するときも、**「0〜9」までをひとまとめにして「1〜10」とまとめない**とすると、そのときの知能の程度を計り知ることができます。

計算などできなくても、お菓子を分けるときに3人だと分けにくいとか、大きそうなものひとつと小さいもの2つと、どちらが得かなど、**直感的にわかることのほうを高く評価**しました。

怒りの程度を〝5段階〟に分け、数字に興味を持たせる

言葉が使えるようになると、数字を使う計算や論理的処理ができるようになり、前頭前野が働きます。

最初に**「数の概念」をどのように頭に入れるか**で、数学的思考のでき方や算数の成績に違いが出てきます。

「1・2・3・4」と数を唱和させ、いくつまで数えられるかというだけでは、数字を使って考えることにはなりません。

数の唱和は、順番を覚えて言っているだけであって、「数の概念」を理解して行っているとは限りません。

「0」（何もない）と「1」の違い、数量の「半分」（2分の1）とそうでない「半分」（面白半分、半分寝ているなど）、「同じ」と「違い」がわかった後に、「1」と「2」の違い、「1・2・3」と「4」の違いと順に教えることが大切です。

量の同じ・違いを直感的（おもに前頭前野を使う）に見分けたり、聞いたり、触れたりしてわかるようになってから、**数の意味（狭い意味の数の概念）**をわからせます。

数を口で言わせる前に大切なことは、**数字に興味を持たせる**ことです。

身近に数字の書かれているものを多く置いておきましょう。

狭い意味の数の符号としての意味を理解してから、**数の3要素（数の読み方、特定の性質のもの、単位）を使う**のです。

怒りを５段階に分けて、感情や気分の変化も数値化

暗算ができるようになると、**感情や気分の変化も数値化**できるようになります。

怒りの程度を「５段階」に分け、ちょっとした怒りは**「１度」の怒り**、ものすごい怒りは**「５度」の怒り**と決めたりできます。

そうすると、相手を理解するのに役立ちます。

お母さん、お父さん！　自分自身が算数や数学が苦手だから、子どもも苦手なんだ、と思っていませんか？

それは大いなる誤解です。

冒頭に紹介したとおり、最新脳科学では、先天的資質ではなく、**「暗算の回数」が多いかどうかだけが、算数力や数学的センスを伸ばす**という結果が出てきています。

小さいころから、算数力をきたえてあげること。
これは、子どもへの**大きな大きなギフト**になるのは間違いありません。
ぜひ、今すぐ始めてみてください。

PART 2

算数力の土台をつくる 6つの「行動パターン学習法」

「脳科学おばあちゃん」の「行動パターン学習法」の心得

「行動パターン学習法」とは、**子どもが見よう見マネで覚えた動作を繰り返すことで、それを「生活に役立つ技術」として身体に覚えこませる学習法**です。

これにより、身体を美しく見せる立ち居振る舞いができるようになりますが、礼儀作法や行儀などの「型」にはめ込むということではありません。

外界からの刺激をどう受け止め、反応し、行動するのか。それを何度も繰り返すことで徐々に外界を理解できますが、ここではそのための働きかけについて紹介します。

本能的な行動ではなく、自分なりにイメージをためていきながら行動を起こすことは、大脳の新しい部分を使わなくてはできません。

人間らしい生き方をするのは、「大脳皮質」の発達があってこそですが、それだけで人間が、万物の霊長として生きていけるのではありません。

幼児教育では、基本的な行動や感覚の受け止め方を教え、少しずつしつけていきますが、親にはもっと大事な欲張った願いがあります。

親としては、将来、そのしつけが、わが子の中で花開く瞬間を待ちわびながら、より鋭い感性で生をまっとうしてほしいと願うものです。

母性愛と父性愛の使い分けを

「行動パターン学習法」で一番大切なことは、子どもに対する愛情です。

強いて言えば、**本能的な母性愛**ですし、なめるような**盲目的な愛の表現**です。

しかし、獅子《しし》は千尋《せんじん》の谷へわが子を落とします。

時には厳しく対処する父性愛も必要です。

溺愛と前向きの冷静さを使い分けてしつけをしよう

この原理原則は、男女別々ではなく共通のもので、育児に携わるすべての人たちに持っていてほしいものです。

つまり、**溺愛と前向きの冷静さを使い分けて、しつけをする**わけです。

私が提唱しているのは、**具体的かつ冷静に感性をきたえる方法**です。

ひところ、あまりにも身勝手な意見を、あるお母さんから聞きました。

たとえば、「子どもの自由にさせています」というもの。

いまだにこの世の仕組みも、自分の身体の動かし方もわからない幼児なのに、何が「自由」なのでしょうか。

ほうりっぱなし、面倒、からみつくな――この大人の身勝手を「自由」という言葉で逃げているだけです。

私は母性愛をどう育てるのか真剣に思い悩み、落ち込んだこともあります。

しつけの成果を挙げ、将来に向けて大きく可能性を広げるには、**わが子を思う愛情**がなくてはうまくいくわけがありません。

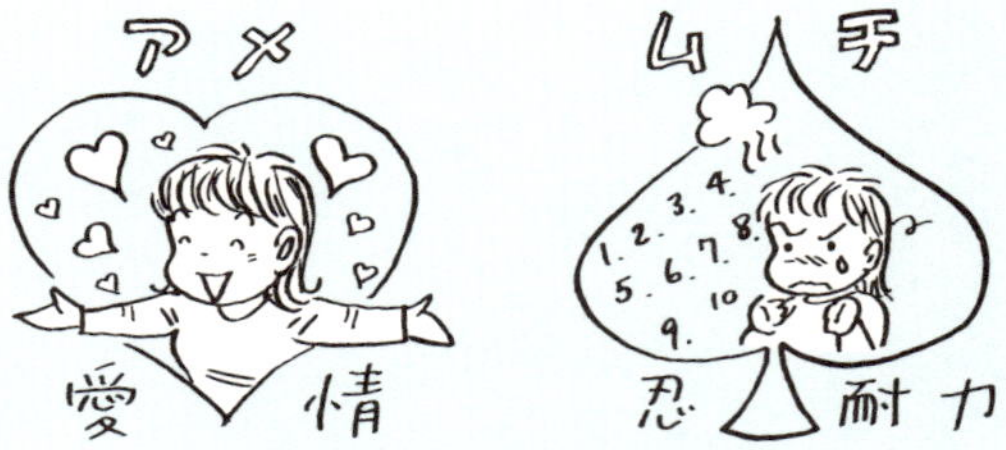

アメとムチをうまく使い分けよう

お母さんが愛情を十分に与えると、子どもはいち早く吸収します。

反対に、何かを強制したり、おざなりに教えたものは、子どもが間違って覚えたり、変なクセになってしまい、その矯正や修正に余分な手間がかかってしまいます。

しつけには、アメとムチが必要です。

アメは、お母さんの愛情ある行動——声がけ、手助け、温かい表情です。

ムチは、お母さんの忍耐力——時を変えながら何度も繰り返して教える、その根気を維持する体力にムチ打つことなのです。

私が子育てで一番苦労したのは、自分の悪いクセ、短気なところ、移り気なところで、怒りたい、たたきたい、大声を出したいという気持ちを抑えることでした。

子どもが悪さをしたり、聞き分けがなかったり、なかなか理解できない鈍さがあったりして日々イライラしましたから。

そんなとき、心を鎮めるために、**何度も数えて我慢**しました。

「1、2、3、4、5、6、7、8、9、10」を繰り返したのです。

息子も3歳くらいになると、私のヒステリックに怒りだす限界を知り、いつも息子に一本取られるようになりました。

今思うと、子どもたちから多くのことを学びました。

まったく愛情を受けずに育ったり、愛情が乏しい環境で育つと、親からのしつけがマイナス方向へ行き、子どもの性格までも歪めてしまいます。

また、そればかりではなく、**脳の仕組みにも歪み**が生じてきます。

「母性愛」と「父性愛」をうまく使い分けて、子育ての楽しみを味わってください。

競博士のひと言

人は「愛する」と、脳にどんな変化が起こるのでしょうか。

熱烈恋愛中の大学生の男女に、それぞれ別々に恋人の写真を見せました。

すると、**「中脳《ちゅうのう》被蓋核《ひがいかく》」**（脳の下側）と**「側坐核《そくざかく》」**が働きました。

側坐核が働くと、快感が発生し、気持ちよくなって、やる気が出てきます。

「中脳皮質辺縁系《ちゅうのうひしつへんえんけい》」とは聞き慣れない脳の用語ですが、海馬と前頭前野を働かせるためにある構造で、別名「**動機づけの回路**」と言われています。

でも、友人の男女の写真を見せても、この現象は起こりません。

中脳皮質辺縁系は、愛する人のために、何か準備活動をする領域だからです。

これらの領域が働き、愛する人のために何をするかを前頭前野で考え、実際に前頭前野と基底核《きていかく》が働いて行動を起こします。

結果、愛する人が反応して、何かをしてあげることになり、さらに深く愛し合うようになります。

そうすることで、互いに感性を高め合うことができます。

母性愛、父性愛でも、同様のメカニズムが働いているようです。

ある幼稚園での育児相談

ある幼稚園での育児相談のとき、部屋の外から泣き声が聞こえました。あまりによく泣き、声にどこか異常があるように思えたので、順番を早めて面談することになりました。

お母さんは、赤ちゃんの機嫌をとりながら、ベッドに横たわらせようとしました。そのとき、赤ちゃんが一段と大きな声で泣きだしました。

「朝は機嫌がよかったのですが……」と、お母さんはオロオロするばかり。子どもを揺らすともっと強く泣きます。

「**お母さん、身体に触れないで、声だけであやしてください**」

と言って、私は指先でその子の足をつつきました。

そのリズムを感じて、赤ちゃんは少し機嫌がよくなったのですが、「ご機嫌、直ったのね」とお母さんが肩に手をかけるや否や「ギャッ」と悲鳴を上げました。

子どもに余計な負担をかけたら、心から謝る

かわいそうに、その子の肩は脱臼していたのです。

かわいい、おしゃま（大人びたさま）な服を着せるときに過重な力がかかり、脱臼しかかった状態でお出かけして、その後気づかないまま抱き上げたり、オムツ替えをしたりして、脱臼の程度は大きくなっていたのでした。

幸いうまく収めることができて泣きやみましたが、「整形外科医に診《み》てもらいなさい」と忠告しました。

子どもに余計な負担をかけたら、まず心から謝る。たとえ人目があろうとも

目の当たりにしたこの状況に驚いて、急遽、赤ちゃんの身体についての座談会に変え、医師との関わり方などを真剣に話し合いました。

今回は早く見つけて、事なきを得ましたが、このときそのお母さんに、

「ミルク飲み人形と違うのよ。腕は１８０度回らないわよ」

と言ったら、間髪を入れず、

「上海技芸団には、入れないわね」

と言いました。

つまり、わが子より自分の照れ隠しを優先させたのです。

「どうしよう」ととり乱してあわてるかわいらしさがあれば、わが子に「ごめんなさい」と謝る素直さがあるはずです。

わが子の異常に気づかないことで、**子どもに余計な負担をかけたら、まず心から謝ること。たとえ人目があろうとも**です。

そして、反省しておおいに学んでください。

かつての日本では、男女の学歴を上げることが、一家の経済水準と知的水準を計るかのごとくとらえられていました。

でも、理屈や論理だけでは、子育てはできません。

具体的に何らかの動作で、子どもと正面から相対しなければなりません。

なぜ、「生まれた瞬間から3歳ごろまで」が勝負なの？

ベタベタした愛情を大げさに見せて接するのが成長過程にいい影響を与えると考えられる時期——誕生から二足歩行ができる1歳半くらいまでは、胃腸の丈夫な健康な赤ちゃんは、特別な手をかけなくても月齢並みの成長はします。

生まれた瞬間から3歳ごろまでは、赤ちゃんにとって非常に大事な時期です。

生まれたばかりの赤ちゃんの脳はほとんど使われていないのですが、脳の神

1～3歳は働きだした神経細胞が感覚刺激によく反応する"臨界反応期"

経細胞（ニューロン）は、胎内で大人の数だけつくられているのです。

特に、生まれた瞬間から1歳半のころは、いろいろなことを赤ちゃんにさせなければなりません。

こちらから働きかけると、神経細胞の間に繋がり（シナプス）ができ、脳がよく働くようになります。

拙著『赤ちゃん教育――頭のいい子は歩くまでに決まる』などを参考に、脳の発達を考えた育児をすると、大きな成果を挙げられます。

歩けるようになった**1歳から3歳ごろは、働きだした神経細胞が感覚刺激によく反応する時期**です。

ですから、3歳以降よりもよく反応するという意味で、この時期は、**臨界反応期**と呼ばれています（「**最敏感期**」と言われることもあります）。

いろいろな感覚刺激を与えて、脳を使わなければならない時期ですので、拙著『1歳からみるみる頭がよくなる51の方法』などを活用してみてください。

子育ての成果は、ひとえに、**わが子のために、いかにわが身を使うか**にあり

ます。

たとえば、オムツをとり替える前に、「おしっこかな？　ウンチかな？」と予測し、条件に合わせた用具を準備しておくお母さんと、すぐにオムツをとりはずして、そろえていないものをとりに行くために、あわてて赤ちゃんのそばを離れるお母さんとでは、赤ちゃんにとってどちらがいいでしょうか？

ひた向きな母性愛が「母娘相伝」です

この赤ちゃんのために何を優先すればいいかを考え、行動する。

より気持ちよく、より楽しいときをすごさせたいという思いが、**母性愛、母心**です。

その思いのために、自分の身体を動かすことに何の抵抗もなく、むしろ喜びとしてとらえ、いつのまにかクタクタになって夫のひんしゅくを買う妻の懸命

さは、動物的な母心そのものです。この**ひた向きな母性愛は、母娘相伝**です。

それがこのごろ、どこかへ消えていきかけています。

私自身も、すでに消えてしまったのではないかと、懸念を持つときがあります。

しかし、こんな時代でも、母心を呼び起こすことができるはずだと私は信じたい。

「母性愛はどのようにはぐくまれるか」という私の大きな悩みは、いまだに結論が出ていません。

女性が賢くなり、実践に長けるのが子育ての期間

お母さん！　あなたがいつまでも女性でいたい、女性を捨てたくないなら、子どもを育てるすばらしさをぜひ謳歌《おうか》してください。

無償の喜びを与えてくれる「母性愛」が大事

肉体としての女性の輝きは、子どもを宿せる期間にピークを迎えます。

女性が賢くなり、実践に長けるのは子育ての期間なのです。

それには、**無償の喜びを与えてくれる「母性愛」が大事**です。

私には、5人の孫がいます。

長男・次男のお嫁さんは、私たちの育脳教育の方針に賛成してくれたので、いろいろな試みに挑戦してくれました。

中でも、孫娘をとり上げてくださった産婦人科医は「それでは、これを食べてごらん」と、胎盤をほんのちょっぴり切りとって、口の中に入れてくれたそうです。

「味もにおいも、どう表現していいかわからないけど、決して不愉快なものでなかった、むしろ何の抵抗もなかった」

と次男の嫁は言っていました。

彼女にとっては3度目のお産です。

母性愛がすべての原点

慣れを吹き飛ばす強烈な刺激は、新たな生命の誕生をしっかりと受け止め、どのように娘を育てようかと考えさせたに違いありません。

ひと回りも大きくなった彼女の自信に満ちた瞳は、神々しくさえ感じられました。

お医者さんの時を得た対応に深く感謝するとともに、孫の幸せと息子の未来に明るいものを見ることができ、安心しました。

しかし、この母性愛の定義づけは難しいのです。

そこで私は、**子ども側から求められるものを主軸**として、私の極めて主観的な、こうあってほしいという望みを交えてここでは紹介します。

従来の説とは違うものもありますから、異論もあるでしょう。

でも、私は、**この20年で3000人以上の赤ちゃんの脳を活性化**させてきました。

動物としての本能的な生き方をどのように広げ、時には抑えながら、いかに

人間らしく成長させるか、その手助けを生涯し続けたいと思っています。

では、いよいよ算数力の土台となる**6つの「行動パターン学習法」**を紹介していきましょう。

1

【行動パターン学習法1】
幼児教育の一番難しい「かんしゃく」への対応策
――親も一緒になってイライラしてはいけない

「この子は泣かせられないの」

「どうして」

「かんにさわると、息もできなくなって、真っ青になって死にそうになるの」

とオロオロするおばあちゃんがいました。

話を聞いてみると、その子は神経質そうな顔で、不愉快そうに、声も小さく、単語を途切れ途切れに話すそうです。

泣き声は最初から力いっぱいで、だんだん長くなって大声になり、そのうち眉の間に青筋が立ち、唇の色が青黒く変化して息を詰めるようになった。しか

も、やさしいおばあちゃんといるときに、この現象がよく起こるので、おばあちゃんは、「ひとりでおもりをするのが怖い」とさえ言います。

結論を言えば、この子は、息の仕方が下手で、泣いてばかりで、短く強く息を吸い込めない。泣き声を弱めて鼻で息ができないのです。

さらに、大きな声で初めから泣くので、呼吸のリズムを狂わして酸素不足にもなっています。

一方、次のようなケースもあります。

同じように、青筋を立てて怒ったり、ものを投げたり、あお向けになって手足をバタバタさせたりします。

そのうち、息を何度も深く吸い込みすぎ、過換気状態（血液中の二酸化炭素が少なくなって起こる）になり、息も絶え絶えになります。

どちらも、かんの強い子で、「かんの虫が出た」などとよく言われます。

呼吸の仕方が下手で、興奮する原因をうまく表現できないのです。

できる範囲内で、気を紛らわしながら

どうしてそうなるのでしょうか？

お母さんになんでもしてもらわなくてはならない赤ちゃんのときから、誰にも少しずつこの傾向は現れているのですが……。

かんしゃくは、赤ちゃんが気分が悪くなったときに起こる赤ちゃんなりの意思表示で、親やまわりの大人が、それをどう受け止めているかが問題です。

赤ちゃんは、親に合わせてうまく不満をぶつけられません。

お乳がほしい！　おしっこ！　痛い！　と泣く……一方的な意思表示にオロオロと親が従っていた生まれたばかりの嬰児《えいじ》のころと比べると、成長に従い、

幼児教育の一番難しいところ

親の都合で赤ちゃんの気持ちを聞かなくなります。

これが幼児教育の一番難しいところで、親は自分を抑えること（我慢、辛抱、待つ）を無意識に子どもに強制しているのです。

子どもは、病的にまできつい表現で抵抗し、反抗してきます。

嬰児ですら、オムツ替えのときに声をかけることもなく、何の前ぶれもないまま冷たい手で肌に触れたら、ビックリして身体を縮め、声を引きつらせて気張ります。

これが、精いっぱいの反抗で、防御反応です。

細心の注意を払って育児にかかりっきりになることは、しょせん無理です。

ちょっと気を紛らわしながらいきましょう。

月齢が進めば、子どもの不安や不満への対処も遅れ、子どもの要望も聞きそびれてしまいます。

難しいのは百も承知ですが、かんしゃくが起こらないようにするには、お母

さんができる範囲内で、いつも同じように応答していきましょう。

競博士のひと言

第2次世界大戦前、「癇癪玉《かんしゃく》（砂に火薬を混ぜ、紙に包んだボール）」という、地面に投げつけると爆発して音を出すおもちゃがありました。

「かんしゃくを起こす」とは、神経過敏で怒りやすい性質のことです。かんしゃくを起こした赤ちゃんは、泣きわめいていたり、貧血を起こして顔が白くなったり、息切れして青くなったりします。

強い怒りには、理由があります。ただ、なかなか理由は言えないので、まずは落ちつかせることです。

漢方では、夜、発作的に泣いたり、怖い夢を見たり、ひきつけを起こしたりしたら、かんの虫が出た、と考えたものです。

②

【行動パターン学習法2】

ケンカをしたときは、「知らん顔」して見守る!?

――ケンカを売られても「うまくさばける子」に

1〜3歳児は、ほかの子どもとまだ仲よく遊べませんが、早くから団体生活をしている子は、ケンカも同情も我慢もできるようになります。

3歳児保育が始まって団体生活になじめないのは、たいてい幼稚園が初めての団体生活になる子です。

そんな子は、傍若無人で押しの強い友達のかげでおとなしくしています。

幼稚園でも小学校でも、リーダーシップをとるのは、学力がある子ではなく、ケンカが強い子ですし、字が書ける子より、ボールをキャッチできる子です。

ケンカを売られても、うまくさばける子、仲間入りできる子に

では、どうしたらケンカに強い子に育てられるのでしょうか？

私が言っているのは、**ケンカに「勝つ」子ではありません。ケンカを売られても、うまくさばける子、うまく仲間入りできる子**のことです。

そんな子に育てて、社会に出したいですね。

2歳くらいになると、ほかの子を意識し始めますし、きょうだいでも、下の子は上の子を意識しだします。

同性、異性、年齢差で様子は違ってきますが、上の子は自分だけのときと様子が変わってきます。にぎやかな雰囲気を好み、ほかの動きに気が散りだすのです。

このころに、**同じ年ごろの子と一緒にいる時間**を多くつくってあげてください。

子どもたちは、はじめから一緒には遊べませんから、子どもたちを勝手に遊ばせて、お母さんたちはおしゃべりしながら、子どもを見守ります。

知らん顔して見守ってみてください。

そのうち、お子さん同士が寄ってくるでしょう。

すると、たいてい、相手のものを奪いにいってケンカが始まります。他人のものがよく見えるのは、大人も子どもも同じです。これをしっかり親は心に留めて、子どもの相手を選びます。

このとき、あまりにもかけ離れた価値観のお母さんの子を選んでしまうと、問題が起こります。子どものおもちゃのとり合いは熾烈《しれつ》です。「貸してあげなさい」は通用しません。

ケガに至らない「つかみ合い」はさせなさい

振り回したらケガをしそうなおもちゃで遊ぶときは、両方のお母さんが同時に手を出し、「**とり合いをしてはダメ、ほかのもので遊びなさい**」と離し、遊びを続行させます。

ケガに至らない程度のつかみ合いはさせてください。

月齢が近いと、とっくみ合いになって、からみついてもお互いの力量に差はありません。少々目に余っても、見守ります。

「**泣いたらやめるのよ**」と「**ケンカ両成敗**」は幼児の場合も原則です。

親の合意の仲裁にも応じず、双方ともゴネ通して泣きわめく場合は、母子ともに「バイバイ」とその日のお遊びは終わりにします。

収拾がつかない
ケンカは
さりげなく仲裁

私は、ケンカのときや、ワイワイからみ合って収拾がつかない場合も、**決して仲を裂くような仲裁はしません**でした。

そんなときは、子どもたちのかたまりに入り込み、身体に抱きついたり、おもちゃを押さえたり、時には毛布やふとんをかけてその上から大きな音（鍋をたたく、急にテレビなどの音を上げる）で注意をそらして、子どもたちの動きを止めました。

ポイントは、**親の作為を悟られないよう、子どもたちが自分から止めたように思える仲裁**をすることです。

子どもがケンカからしか学べないこと

ケンカやふざけ合いで、子どもはいろいろなことを覚えます。

そのときは興奮しているので、思いがけない力が入っていますが、なるべく同じような年齢や体格の子と組ませてください。

押されたら押し戻したり、引っ張り合いもさせますが、やらせる前から差がつく組合せは危ないので、ついつい親の口が出てしまいます。

ケンカから何も得られないと考えるのではなく、子どもは**ケンカから親が教えることのできない感覚や感情**を学びます。

「お兄ちゃんでしょ」と押さえつけられるのも、「チビは引っ込んでろ！」と言われるのも、小学生のころに経験しておきたいものです。

争う、競う《きそ》はキレイごと。とっくみ合いのケンカは、本能的な闘争心の表れです。

大事に至らないとっくみ合いのできる場を与えたいところですが、私たちのまわりにはあまりありません。

子どもをとり巻く環境は、日々悪くなる一方ですが、ぜひ**親子で真剣にとり組める遊び**を探してください。

私は積み木を子どものそばでし、子どもととり合いになり、**貸してくれないと私が半泣きして、子どもに辛抱してもらった**こともあります。

競博士のひと言

ケンカは、ケガをしない限り、止めないでさせましょう。

子どもはケンカによって社会性を身につけ、積極的に行動していきます。親がしっかり見守っていれば、泣くまでさせてよいでしょう。

3

【行動パターン学習法3】
効果的な6つの叱り方
――カヨ子ばあちゃん式「叱りのルール」

私が育児で一番苦労したのは、ヒステリックになる気持ちを抑えることでした。

我慢、辛抱、耐える、待つ行為は、とても高度な脳の働きが要求され、**親の教えるものの中で一番大変なもの**です。

これは、親も子どもとともに学習しなくてはならないことです。

●カヨ子式・叱るときのルール6か条

叱るときの6か条

そこで、私は次のように**叱るときのルール**をつくりました。

1　一度に、いろいろ叱らない
2　くどくど長引かさない
3　叱る理由を言わない
4　人が見ているからと、調子を変えない
5　過去のことは言わない
6　悪いことをした直後に叱る

子どもが悪いことをしそうになる様子を見たら、前もって注意されないための対策を立てます。

そして2回目に罰則を決め、3回目は罰を課すというように、徐々に変えていくとよいでしょう。

カヨ子式尻たたき用「しゃもじ」

尻たたき用「しゃもじ」の効用

私の罰則には、**尻たたき**がありました。

感情にかられて手をすぐに出してはいけないと思い、おみやげにもらった大きなしゃもじを柱に吊っておきます。

1回目「**してはいけません**」、2回目「**またしたわね**」、3回目「**今度したら、たたきます**」、4回目「**しゃもじを持ってきなさい**」と宣言し、言うことを聞かなかったときに、容赦なく尻たたきをしました。

このしゃもじは、長男が10歳になるまで柱に飾ってありました。

小学生くらいになれば、同じ実力行使でも、帰宅時間が遅れた場合の罰則は外に立たせるほうがよいでしょう。

夕食が夜食となり、すきっ腹を抱えなくてはなりませんから。**痛さの罰則の効果は5歳くらいまで**です。

競博士のひと言

積極的にしない行動（**ノーゴー行動**）には2種類あります。右側の前頭前野の46野（↓140ページ）が働いています。積極的にしない場合は**認知的「ノーゴー行動」**で、しなかったことによって報酬をもらうことで学習します。我慢して行動しないようにするのは、ストップ信号つきの「**ノーゴー行動**」で、これもしなかったことで報酬をもらい、学習します。

してもらいたくない行動をやりそうになったら、「ゴー信号」のほかに、**ノーゴー**を示す「ストップ信号」を加えます。我慢して、やめなければならない**情動的「ノーゴー行動」**です。

1歳くらいから始める「ストップ遊び」（『1歳からみるみる頭がよくなる51の方法』参照）は、情動的「ノーゴー行動」をしているわけです。

4

【行動パターン学習法4】

「見栄のウソ」「方便のウソ」を言わせない働きかけ

――親の精神修養も必要

子どもは、言葉で自分の気持ちを伝えられるようになると、いろいろなことをイメージして描くこともできるようになります。

親を驚かせるようなイメージを抱き、言葉で表現してきます。

子どもの話に一瞬巻き込まれるものの、「本当に？　いつ？」と、ウソかホントか一瞬では判断できないことがあります。たとえば……

「これどうしたの？」

「●●ちゃんがくれたの」

「このお菓子、ひとりで食べたの？」

「▲▲兄ちゃんが食べた」

という場合、●●ちゃんが隣の年下の子だとすると、そんなはずはないでし

あまりヒステリックに
なっても、いいこと
ありませんよ

よう。▲▲兄ちゃんが遠くにいる従兄弟《いとこ》だとしたら、ウソだと判断できます。

「見栄のウソ」も、「方便のウソ」も**大人専用**です。

幼児にこの手のウソは許しません。

しかし、**あまりヒステリックに怒ってみたり、長々と過去のことまで持ち出してお説教したりすると、大人用のウソを早々と身につけてしまいます。**

「見栄のウソ」も「方便のウソ」も、早く現実から逃れたいからで、これが高じて身勝手で他人に害の及ぶウソを身につけるようになります。

こうしたウソは、早く覚えてもらいたくないものです。

少子化でも脳が素直に発達した子に

感情を抑えるのは、大人にも難しいことです。

難しいことは重々承知で言いますが、親よりもすぐれた子に育てたいなら、まずはお母さんが、**「頭にきた」「キレた」などと口に出さない**ことです。

子どもだけに、我慢や辛抱を求めても、なかなか身につきません。

親も**精神修養**が必要です。

昔は、貧しくてきょうだいも多く、互いの交わりの中で辛抱を覚え、「今に見てろ」という根性もできました。

親のほうも家事に忙しく、「10人も産んだら、中にはおかしなのがひとりや2人いても仕方がない」と無責任なものでした。

「頭にきた」「キレた」は
口に出さない！

脳が素直に発達した子、親よりもすぐれた脳を持つ子に

豊かな家の総領の甚六（長子は大事に育てられ、弟妹よりもおっとりしたり、世間知らずであったりすること）より、貧乏な家から出世をするケースが多く、下克上などというのはざらでした。

それがよかったと言っているのではありませんが、核家族の中で甚六を育てないことです。

子どもが少なくても、脳が素直に発達した子、親よりもすぐれた脳を持つ子が育てばいいのです。

最近では少子化が問題になっていますが、環境に適応能力のあるすぐれた頭のいい子が育てば、少子化もそう心配したものではないかもしれません。

競博士のひと言

ウソをつくのは、本当のことや正しいことを間違って伝えることですが、本当だと思って伝える場合と、何かを隠して故意に意図して伝える場合があります。

前者はうっかりした間違いなので、気づいて訂正すればいいのですが、後者は意図してやっているので、前頭前野がよく働いています。この場合は、ウソをついたことを自覚させておかなければなりません。

もし成功すれば、何度も繰り返すようになります。子どもが後者のウソをついたときにやめさせるのは、親の価値観によります。

総領の甚六とは、ぼんやり育った長男をあざけることわざですが、少子化の現在、育て方を間違うと、ひとりっ子でもぼんやりした子、前頭前野の弱い子が育ってしまいますので注意しましょう。

5

【行動パターン学習法5】

「すぐ挨拶のできる子」にどう育てるか

――「正しい日本語」は親の習慣から

朝の挨拶のとき、お母さんは赤ちゃんに聞かせるために、いつも同じ言葉を使ってください。

「オッス!」「おはよ!」ではなく、**敬語を使っててていねいに「おはようございます」**と言いましょう。

時には、「**●●ちゃん、おはようございます**」と、**顔を見て、口の動き**を見せます。

大人は耳から音を感知しますが、まだしゃべれない**赤ちゃんは目から覚える**と思ってください。

早くから「正しい日本語」を覚えさせる意味

口の開け方で発声を覚えると、喃語《なんご》（赤ちゃんの言葉にならない声）や舌足らずの言葉を使う期間が短くてすみます。

口はいろいろな形で動き、動き方で音が違うことを赤ちゃん自身に感じとってもらうためにも、**口の動き**をしっかり見せてあげてください。

また、夫婦間の会話では、お子さんがしっかり話せるまで、返事は「うん」ではなく、「**はい**」を頭につけ、**正しい日本語**を話してください。

子どもがうまくしゃべれないのは、耳から受け入れた音をそのまま発音でき

必ず正しい日本語を
話してください

ないからです。

赤ちゃんのころにうまく話せなくても、徐々にマネられるようになります。最初に正しい言葉を覚えてしまうと、後で訂正する余分な時間が不要になります。

ほかにも覚えることがたくさんあるのですから、〝脳のムダ使い〟はやめましょう。

呼ばれたら必ず返事をする習慣を

素直な脳の発達を願って育てることは、無限の可能性を生み出せる〝脳力〟を育てることなのです。

呼ばれたら必ず返事をする習慣は、親の習慣そのもので、親ができないと子どもはすぐ「はい」と言えません。

挨拶の応答が速いと、賢く見える

挨拶するかしないかは、お母さんの生活態度に左右されます。
単なる習慣としてとらえるのではなく、そこに**思考力や集中力などの切り替えの速さが関わっている**ととらえてください。

返事をする行為は、相手に注目し、それまでの行動を中止させると同時に、一時中断したことをすぐに復活できるようにし、**脳の働きをスタンバイ**させておく高度な脳の働きなのです。

この「返事」をさせることを子どもに働きかけ、徐々に育成してください。

外目にも挨拶の応答が速いと、子どもが才長けて見えますし、返事をされた人は気分のいいものです。わが子が好ましい印象を持たれるのに、こしたことはありません。

競博士のひと言

挨拶は、円滑な人間関係を築く基本です。
ただ、3歳以前に習慣にしてしまわないと、なかなかできるようにはなりません。

挨拶を習慣にすると、挨拶をしないと気持ちが悪くなります。そこまでできれば成功です。**挨拶されたら、必ず返す**ことも習慣にさせることが大切です。

6

【行動パターン学習法6】

「約束」と「命令」は異なることを教える

——時間の大切さと約束を守る厳しさ

●「約束」と「命令」は何が違うのか？

「約束」と「命令」は違います。

約束とは、どんなことでも、**前もって子どもと相談して決めたこと**。たとえば、「今日はおうちの買い物——食べ物とノートとペンを買うだけ。おとなし

くっついてきてね」というのが約束です。

これに対し、「早く靴を履いて、表で待ってて」は**命令**です。

命令の際に注意すべきは、**それまでに子どもがひとりでできた経験のあるものに限る**ことです。

ごはんをこぼさず、キレイに食べることがまだできないのに、「どうしてそんなにこぼすの？　キレイに食べてと言ったのに！」と言ったら、子どもに恥をかかせてしまいます。

「どうせお母さんは、ちょっとできないとすぐ叱るんだから」と、命令をお願い程度のものにすると、子どもは聞く耳を持たなくなります。

叱っても聞かない、変なず太さを育ててしまうのです。

約束の場合は、**罰則が双方**にあります。親が守れなかった場合も謝り、時には罰則を受けなくてはなりません。

●「ありがとう」と「ごめんなさい」の習慣

どちらもできたときは「ありがとう」、できないときは「ごめんなさい」ときちんと言いましょう。

「今日はお買い物、早くすんだ。ありがとう」

「お友達と会ってちょっとおしゃべり、待たせたわね。ごめんなさい」

と、**親が「ありがとう」や「ごめんなさい」を言えることは、幼児といえどもひとりの独立した人格を認めているる**ということです。

このことを親が真摯《しんし》に受け止めて、幼児のころから習慣づけると、「**約束」の重大さと「命令」に従う義務を、子どもが自然に受け止める**ようになります。

早期から習慣にしよう

私は日ごろから、**息子がひとり遊びを無理なくできる時間を把握**しておきました。

私も仕事をしていましたから、留守番や訪問客の応対などで、その時間内に息子はひとりで何事も処理しなくてはなりません。

「30分静かにしていてね」とお客様と話に夢中になっていても、私は時間厳守。30分たてば、「子どもタイム」をとって、息子の相手をしました。

不意のお客様は、子ども側からすると「招かれざる客」ですから、長くなれば「今度は息子の番」と、お客様を帰らせるぐらいの厳しさで接客したものです。

30分なら30分と時間を守る習慣を

時間の大切さと約束を守る厳しさを

このようにしたのは、自分の息子に、**時間の大切さと約束を守る厳しさを身につけてほしかった**からです。

息子が小学生になると、私も気を抜き、「ちょっと出かける」がだんだん遅くなり、時間の約束なしで外出することも多くなりましたが……。

子どもをしつける時期は、親も努めなくてはならないことがたくさん出てきます。

ですから、**一度にたくさんの約束と命令をしてはいけません**。親のほうが忙しくて守れませんから。

競博士のひと言

約束は、相手の人格を認めて合意することで、2人の行動を拘束し、お互い守らなくてはなりません。

命令は、一方的に、理由なく相手に行動させることです。

命令するときには、最後に「わかった？」と聞き、子どもの顔を見ると、どんな気持ちかがわかります。

親は、それを見てから行動し、約束が守られたことと約束したときの表情の関係を考察します。

何をするか、それを表情に出すときは、大脳辺縁系が働いています。

ここまでは、うまく生きていくのに役立つ「行動パターン学習法」を紹介してきました。

これから紹介するPART3の「お経式暗算法」は、「行動パターン学習法」の一例にすぎません。

6つの「行動パターン学習法」ができれば、「お経式暗算法」も簡単にできるようになります。

一日も早い算数力アップのためにも、「行動パターン学習法」をマスターすることが肝要です。

普通の子が地道にやっていけば、3か月でできるようになるでしょう。がんばってください。

PART
3

「お経式暗算法」のミラクルシートで、

みるみる算数力がつく9つの習慣

算数嫌いを「算数好き」にする方法

では、いよいよ「算数力」を磨く方法を紹介しましょう。

お母さんたちに、算数や数学の印象を聞くと、「頭が痛くなるわ」とか、「算数や数学なんて何の役に立つのよ」と言われます。

算数や数学は難しいものと思われがちですが、子育ての中で、**数字や数で表すもののとらえ方を、どのように子どもに話しかけるのか、どんなことに気をつけるか**によって、子どもの算数力、数学的センスが培《つちか》われます。

特に、お母さん自身が算数や数学を得意でなかった場合、数に関する働きかけを、子どもの幼いうちから積極的にしてください。

子どもの脳は、それをうまくとり入れ、整理することができます。

数字は四角いスペースに
収まるよう
しっかり書かせる

初めて書き文字（ひらがな）を教える際には、**大きさや形にこだわり、四角のマス目にしっかり入るように**教えます。

あまり数字の書きとりだけに、気をとられないでください。

マス目なしで書くと、子どもは「1」をくっつけて書き、5や8は大きく書き、横書きの場合はケタをそろえて書くことができません。

算数、数学の得意な子は、みんな数字のケタをそろえて速く書けます。

私は、**数字も与えられた四角いスペースに収まるよう、習字でひらがなの練習をするときのように、しっかり書かせます**。

なぜ、こんなささいなことにこだわるかと言うと、**「量」や「数字」の持つ内容が、ひらがなとは違うものがある**ことを、感じとってほしいからなのです。

また、かなやアルファベットは符号（シンボル）ですが、それだけでは意味がありません。

たとえば「ＣＡＴ」や「かき」などのように、いくつかの文字を合わせて意

味を成します。「CAT」「かき」と言われて初めて、その意味がわかるのです。

数の概念、数とは何か

数字も符号のひとつですが、ひとつひとつで独立した意味があります。

①**「1」は「ひとつ」、「2」は「ふたつ」、「3」は「みっつ」で「数（個数）」**を意味しています。

そして、②**「特定の性質」**のものだけを数えます。

犬なら犬、猫なら猫だけを数えます。動物を数えるときには、犬や猫だけでなく、ほかの動物も数えます。

また、③**数には「単位」**があります。

数には「順番」があることを教えよう

1時間、2時間、3時間……。
4グラム、5グラム、6グラム……。
7㎞、8㎞、9㎞……。

この**①数（個数）**、**②特定の性質**、**③単位が**「**数の要素**」で、これがわかれば、**数の概念**、**数とは何か**がわかったことになります。

また、数は「**順番**」を意味することもあります。

1960年代以降に、文明堂のカステラのテレビCM――「カステラ**一番**、電話は**二番**、**三時**のおやつは文明堂♪」というものがありました。

これは、カステラが第一番、当時の電話交換手に「○○局の二番」（と言うか、直接地方局番2ケタと4ケタの番号を指示すれば文明堂に電話がつながった）、そして、三時のおやつに文明堂のカステラを、という意味です。

ここで重要なのは、**「1」は1番目、「2」は2番目、「3」は3番目を意味**

する「順番」があることを教えることです。

これらのことを感じとり、知ることが**算数力アップや数学的センスを育てる**ことにつながるのです。

計算は電卓でできますし、「そろばん」はほとんど使われなくなりましたが、数字を書いたり、計算したりする単純作業は、いったい何を強化しているのでしょうか。

この作業によって、量や数に対して**共通の概念**がはぐくまれ、コミュニケーションに必要な極めて**基礎的な数の概念が養われる**のです。

数に強いと、こんな場面で役に立つ

小学校入学以前に基礎的な数の概念に触れておくと、後々有利です。

数に強くなると、
ダンドリもよくなる

数学的センスとして花が開き、成績として明らかに出るのは小学高学年から。

コンピュータをうまくさばけても、ハードに興味を持つか、ソフト作成に適しているかは、**幼児期にどのような感覚が磨かれたか**で違ってきます。

この方向に感性が長けていないと、人がつくったソフトを使うだけの〝モノマネの世界の住民〟になってしまいます。

私自身が数学から得た恩恵は、**論理の組み立ての速さと、現実世界で「約」「およそ」などの概算計算のミスが圧倒的に少ない**ということです。

算数と数学を切り離しては、合理的な発想や創造的な発想は生まれません。

1 将来大きな差がつく「非利き手」の使い方

――「手の使い分け」はとても大事

歩けるようになるまでに大事なことは、**手と足を、左右とも同じように動かせるようにする働きかけ**です。

私は、左右で偏らないよう、**左手で積み木を持ったら右手にも持たせる、右手でボールを投げたら左手でも投げさせるように指導**してきました。

なぜかというと、手と指で道具を使うようになると、子どもは利き手だけを使うようになるからです。

赤ちゃんは、自分から右手で持ったり左手で持ったりと、両手を使い分けて

はいませんが、スプーンなど口に運ぶものを持たせるころから、利き手らしい差が出てきて、持ちやすい手を先に出すようになります。

「この子、左利きかしら？」と思っていても、いつのまにか右手を使いだします。

左右の手の使い方が定まらない時期は、左右の器用さの差はあまりありません。

どちらの手の使い方も下手なので、このころからしっかり注意してあげ、片手を使っているときに、**ほかの手も必ず使う**ようきちんと教えてください。

非利き手がなぜ大事なの？

特に、**道具を持たないほうの手（非利き手）の位置**が大切です。

箸を持つ、茶碗を持つなど、それぞれの手の使い分けは、自然にできるもの

ではなく、**学習で覚える**のです。

利き手が決まるときには、**前頭葉**の働きが大きく関わっています。

幼児の間に「右利きでないといけない」と、右手を使うことを強制する必要はありませんが、日本人の場合は右利きのほうが便利かもしれません。

ほとんどの人が、箸を右手に持たせます。

お母さんは、離乳食を食べさせるときに、赤ちゃんと向き合っていますね。なんでもマネて覚える赤ちゃんは、**お母さんの右手の使い方を左脳でマネて覚えているのです**。

道具を持たない
「非利き手」の位置に注意！

〝背後〟に回って「見よう見マネ」は大切な学習法

言葉が通じない間でも、**「見よう見マネ」は大切な学習法**です。

箸の使い方を教えるとき、向かい合って持たせると、すぐにマネできません。

子どもの背後から、
手を回して持たせ、
何度も動かす

子どもには、お母さんの手が交差してしまい、見慣れないからです。

特に、手で道具を使うときは、**子どもの背後から手を回して持たせ、何度も動かしてください**。

ボールやラケットの持ち方などを正確に教えたり、動かし方を学ばせるにも、**必ず背後に回って**教えます。

これは大人の世界でも行われているものであり、**教える側の大切な心得**です。

大人になって左右の手の使い方の差が大きい人は、子どものころから非利き手をあまり使わなかった人です。

私は孫たちに、**ポケットに手を入れたまま歩くことさえ禁じます**。

息子には「片手で食べてはいけません」と、よく注意しました。

赤ちゃんのときからお母さんが手抜きをすると、片手使いになってしまいますよ。

「お団子づくり」で〝非利き手〟を使ってから公園デビュー

砂場では、子どもたちがお母さんとよく、どろんこ遊びやプリンづくり（空き容器に湿った砂を入れて型抜き）をしています。

上手にできる子を見ていると、うまく**両手**を使っています。

お母さんは「つくって」とせがまれたら、**つくるときの手元をよく見せる**とだんだんうまくなるので、応じてあげてください。

お母さんに型を支えさせ、自分は砂を入れるだけ。「**もうちょっと入れないとダメよ**」と言って、お母さんがひっくり返し、でき上がったものを子どもがつぶす——それもいいものです。

公園に行くと、子どもたちが何人かでひとつの砂場に入っていることがあり

ますが、この好機に母親が入ってしまうと、子どもは仲間づくりができません。グッと我慢しましょう。

ひとりぼっちで母親相手に遊んでいては、時間がもったいない！

家で遊んでいるときに、メリケン粉（小麦粉）などでお団子づくりをしたり、紙ボールをつくったりして手の動かし方を教え、お母さんの手元を見せてあげてください。それから公園デビューをさせるのです。

みんなと一緒のことをして、みんなと一緒にすぐ遊べるようにするのが、お母さんの役目です。

そのときに、子ども自身が、ほかの誰よりもよくできることを知って喜びを味わえるかどうかは、それまでのお母さんの働きかけにかかっています。

お母さん！　もし自分が不器用だと思っていても、くれぐれも卑下しないでください。

わが子よりは、きっとできるはずです。

器用だと言われている子の手の動きをよく見てください。

手の分業が巧妙にされ、どちらの手もよく動いているはずです。

お子さん自身のためにも、子どものよき師になるためにも、**非利き手の使い方**に気をつけてあげてください。

利き手でないほうにお母さんが手を添えるだけでも、ずいぶんと違ってきます。

競博士のひと言

利き手（どちらかの手をよく使う）は、3歳ごろに成立するとされています。このころに、言葉が使えるようになって、左右の脳の分化がはっきりしてくるからです。

0～1歳の間に、左右の手を使えるようにしたほうが後々有利です。

運動はすべて、見てマネをして覚えるのが原則です。繰り返しやっていけば、どんどん上手になってきます。

2

時計の針で「時間の概念」を身につけさせる方法

――「カウントダウン効果」で数字好きな子に

時間の長さは数字で表しますが、私は時間の概念を子どもが身につけるための一助になればと思い、日ごろ心がけたことがあります。

それは、**数字に興味を持たせること**です。

孫が生まれて、家の時計を長針と短針がついたアナログ時計に替えました。

壁かけだけでなく、置き時計も替えました。

脳科学おばあちゃんの「数に強くなる」言葉がけ

私は、わかる・わからないは無視して、時計の音を聞かせ、**「長針」が動くことに注意**を払わせました。

せわしく動く秒針にはすぐ興味を持ちますが、すぐ興味を失います。子どもには、

「もう3時ね、おやつにしましょうね」

「たくさんお昼寝したね。1時間もよ。2時から寝ていたよ」

と、時計を見ながら、数字を入れて話してください。

これは、子どもが生まれてすぐに意識してやる〝時計についての話しかけトレーニング〟であり、お母さんの心得です。

的確にお話しをするお母さんや、ていねいに同じ話しかけを繰り返すお母さ

字に興味を持つ前から
指を差して、
時計の針の
位置を教える

んの子どもは、まわりよりも早く言葉を使い始めます。幼児には、

「長い針がここにきたら、お出かけよ」

「針がここまできたら、おもちゃのお片づけね」

と、**字に興味を持つ前から指を差して、時計の針の位置**を教えましょう。

幼児は**針の角度を図形でとらえ、記憶**します。

やがて、数字にも興味が出てきます。文字よりも早く、「0」～「9」を知ります。

カレンダーなどの数字に興味を持てば、感覚的に言い表しにくいものでも、脳の中にとり込み始めます。

お母さんは、湯船につかりながら、子どもに「1、2、3」と数えさせます。100まで数えることができると、お母さんは、「三つ子の魂百まで」の自慢をします。

私は早くから、息子に**身体の洗い方を優先させて教えていました**。数を覚えさせるのは、その後です。

カウンティング行動は、なぜ効果があるのか?

お風呂は有効な学習の場です。遊びながら楽しく数に親しみましょう(↓162ページ以降で詳しく紹介します)。

私は、初めて数を数えるときに「**温まる時間を数える**」ことをしました。あごまで身体を沈ませ、号令に合わせて「1、2、3……9、10」と、数を言うときに、**身体を前後させるカウンティング行動**をあえてやらせ、次に、カウントダウンを始めます。

「10、9……3、2、1、0《ゼロ》!」ですばやく湯船で立ち上がらせます。

0《ゼロ》はゴー(GO)、つまり、ロケットの発射の意味です。

これを3回もやれば十分。英語で言っても大丈夫です。

ここであえてカウンティング行動をともなわせるのは、数の意味を理解し、速く行動を起こしやすくするためです。

「数」は万国共通の意味を持っています。

楽しく数えることができ、0《ゼロ》の概念がついてくれれば儲けものです。

これだけは「やってはいけない」

ただし、注意しなければならないのは、日本語の場合、「1、2、3、4、5、6、7、8、9」のうち、「4」と「7」を「よん」「なな」と言ったら、カウントダウンするときも、**「よん」「なな」と必ず同じように読む**ことです。

こうすることで、数字の意味をきっちり理解してもらいます。

決して、「し」「しち」と、カウントダウンしてはいけません。

カウントダウン方式で、数字の意味を理解してもらおう

また、日本語には、いろいろな呼び方があります。

子どもが自然に受け止められるよう、気をつけてあげてください。

競博士のひと言

ものの量を表すのに、「アナログ量」と「デジタル量」があります。

どちらも、赤ちゃんのときにはわかりません。

どちらも、前頭前野が働くことでわかるようになります。

最初は数字に興味を持ち、「0～10」を覚えるときには、**数字の順序**も教えます。
1、2で、親指と人差し指を曲げてもらいます。
時間の概念を覚えるためには、アナログ量とデジタル量を使い、アナログ量を使うときにアナログ時計を見せ、図として覚えてもらいます。

午後2時なら、長針と短針がどこにあるのか、イメージしてもらいます。

「0《ゼロ》の概念」も早くから持たせましょう。

2015年に、東北大学大学院医学系研究科生体システム生理学教授の虫明元《むしあけはじめ》氏のグループが、「ニホンザルの頭頂連合野の神経細胞が0《ゼロ》の符号を書いた図に反応する」ことを報告しました。

ニホンザルも「0《ゼロ》の概念」を持っている!?

同じ神経細胞が、何も書かれてない図（からっぽの図）にも反応したのです。

これで**ニホンザルが「0《ゼロ》の概念」を持っている**ことがわかりました。

サルが「0《ゼロ》の概念」を、どのように使っているかはまだ知られていませんが、「0《ゼロ》の概念」を持ってない人の能力はサルに劣ることになってしまいます（笑）。

2014年に、ユニヴァーシティ・カレッジ・ロンドンのセミール・ゼキ教授（神経生物学）らが、数学者に数式を見せて「美しい」と感じるか、そして美しいと感じるのは「脳のどこか」を調べました。

その結果、すぐれた数学者は、数式や数の配列を見て美しいと感じ、そのとき、**前頭前野の前の内側部分**が働いていることを突き止めました。

これは、普通の人が美しい芸術作品を見たり、美人の顔を見たときに働く場所でした。ここは、賢い人のほうがよく働きます。

「数列の美」がわかるようになるまで、数の勉強をしましょう。

子どもの部屋に、**美しいカレンダー**を飾っておくことを勧めます。

3

「1分の時間感覚」が自動的に身につく「タイマー遊び」

――2人の息子が算数、数学好きになった原点

●時間配分とダンドリが大事

孫たちが、カップラーメンを初めてつくりました。

お湯を注ぎ、フタを閉め、後は待つだけ。

「待つ間に、箸や飲み物を用意し、テーブルセッティングをして」

と、私は監督役を買ってでたのですが、完全に無視されました。

あらかじめ助っ人なしで、孫たちだけでラーメンをつくる約束でしたから。

日ごろから母親がつくっているので、10歳になっても完全に言われたとおり

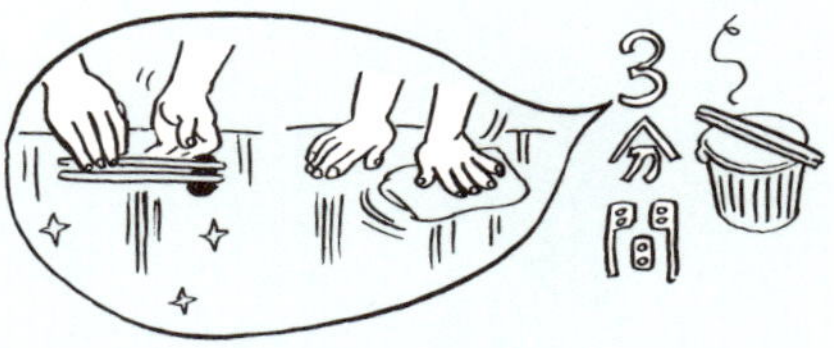

3分間は意外と長い！
いろいろなことができる

にできるはずがありません。

孫たちは、3分間、カップの前でジッと待ち、でき上がってから箸を出し、こぼして、汚して、拭いて、5分以上かかってやっと食べ始められました。これは、3分が意外と長いのに、その間にダンドリよく、テーブルセッティングが完了すべきことを親から教えられていないからです。

このような**時間配分とダンドリは、幼児のうちに身につけておくべき大切な感覚教育のひとつ**です。

秒針で「1分」をじっくり体感してもらう

ここでは、時間配分とダンドリをよくする遊びを紹介しましょう。

1分をじっくり体感する「タイマー遊び」

「アーーー」

時計を見ながら、息の続く限り声を出します。

お母さんと子どもが競い合い、お母さんは子どもに負けないようがんばります。

秒針の動きを見せ、

「お母さん、長いでしょう。●●ちゃん、がんばって」

と、秒針を指差し、

「この針がぐるっと1回転するまで、声を出すの。息が苦しくなったら、ちょっとお休みして、また続けてね」

と言い、12の文字の秒針から始め、1回転して秒針が再び12のところにくるまでやらせてください。

子どもに、**1分をじっくり体感**してもらうためです。

この遊びは、お母さんの言葉が理解できても、子どもがまだ単語をポツリ、ポツリとしか言えない時期でもできます。

お母さんも子どもと一緒に楽しく、大きな声を出して、発声練習も兼ねてや

ってみてください。

時計は日常生活にある置き物のひとつですが、子どもが「何か意味があるらしい」と早く気づき、利用法を感覚的に理解できるようにしてあげれば、早期に時間の長さを知るきっかけにもなります。

そのときのポイントは、

「3時になったわね」

「もうすぐ5時よ」

と、子どもと話しているときやお母さんが独り言をささやくときにも、**時計を見ながら話す**ことです。

「長い針、ここにきたらお風呂に入るわよ。その前におもちゃを片づけてね」

このような語りかけは、赤ちゃんのときからしてください。また、

「昨日はお片づけ、とても早くできたわね。明日は手伝わないけど早くしてね。5分で片づけるのよ」

と、どのくらい子どもがわかっているのかどうか別にして、**必ず時間の長さ**

を決めて語りかけてください。

●「3」と「5」の奇数が生活に〝ケジメ〟をつける

そして、お母さんは、

「早くできた」

「早くする」

など、時間と関連した言葉づかいの練習をして、**子どもに話した5分の「5」という数字を忘れない**ことが大切です。

私は息子たちに、

「3分で片づける」

「もうすぐ3時」

「3」と「5」で生活にケジメをつける

「5時になった」

など、よく**「3」と「5」を使う**ことにしていました。

「3」と「5」の奇数が、生活にケジメをつける、ほどよい時間だったからです。

お兄ちゃんよりも年下の弟は、早くから同じ言葉を聞くので、理解も早く、的確にとらえられます。

また、弟や妹のほうがおしゃまになります。

長子を育てるときの経験が次の子にも活かされて、それぞれの個性を見出せるようになります。

私は2人の息子に同じように働きかけ、それぞれとらえ方が違うものの、**2人とも算数や数学に強い子**に育ちました。

成人した後も、数学的論理を毛嫌いするタイプには決してなりませんでした。

競博士のひと言

作業をする際に、どのようにするか、時間配分を考え、ダンドリよくするのは**前頭**

前野、時間配分は**ワーキングメモリー**の担当です。

ダンドリ決めは計画そのもの。**時間の基本単位である「1分」がどれくらいか**を、肌感覚で子どもにわかるようにしておきましょう。

ここで紹介した「タイマー遊び」もそのひとつ。秒針の動きを見ながら声を出します。1分の長さが感覚的にわかってきたら、ぜひ日常生活で使ってみてください。

たとえば、カップラーメンをつくる際には、3分待つ間に、子どもたちをどこかに行かせ、3分たったら戻ってきてもらう遊びもいいでしょう。

脳には、時間の長さの違いを理解する特別の中枢はありません。

記憶、注意、感覚受容など、神経情報処理をしているところが、働き方に時間差があることから理解しているにすぎません。

そのため、**時間の長さを理解することは大変難しい**のです。繰り返し、わかるようになるまで練習しなければなりません。

④ なぜ、会話に「数値」を入れるといいのか？

——「ちょっと」は30秒、「しばらく」は5分まで、「後で」は未定

「ちょっと、しばらく、後で」

「もっと、もう少し、だいたい」

これらは日常よく使う、あやふやな量を表す言葉です。


かつて、私がよく子守りをしたS子ちゃんが幼稚園から帰ってきて、「おばちゃん、ママがいないの」と言うので、「置き手紙をしてなかったの？」と尋ねると、「あったけど……」と言葉を濁したことがありました。

そこで私は、S子ちゃんの家に行きました。

「学校に行きます。30分で帰ります。おやつ食べていてね」

置き手紙には、こう書かれてありました。

でも、S子ちゃんは、

「私が帰ってきてから、もう30分もたったのに」

と怒っています。そして、

「何時に行ったのかわからない」

と言うので、

「じゃあ、S子ならどう書く？」

と聞くと、

「私はこんなトロイこと書かない！　〝何時までに帰る〟と書くわ！」

と言いました。

どんな場面でも、子どもは親をあなどったらアカン

さすがに私が手塩にかけた優等生。確かにそのとおりですが、私は、

10歳くらいまでは、時間を表す具体的な数値を使おう

「お母さんをけなしてはいけません」

と諭《さと》しました。

お母さんが少し時間にルーズなところを、5歳児のS子ちゃんは見抜いていたのです。

末っ子のS子ちゃんは知恵のつくのが早い。負けん気いっぱいで姉や兄に対抗して懸命にがんばってきたのですが、この親に対する態度をほめるわけにはいきません。

どんな場合でも、子どもは親をあなどってはいけません。

私は、「ちょっと」は30秒、「しばらく」は5分まで、「後で」は未定と決め、子どもの成長に合わせて、あやふやな使い方も2人の息子に伝わるようにしましたが、**10歳くらいまでは、時間を表す具体的な数値ではっきりと言う**ように努めました。

競博士のひと言

日本では、あやふやな量を具体的な数値で表す習慣があまりないので、それぞれの家庭でまずはルールをつくっておきましょう。

そうすれば、条件や環境が変わっても簡単に適応できます。

「長い」は30分、「すぐ」は2分までというように。

こうしておくと、英語を覚えるときにも役立ちます。

「many」は？　「several」は？　「a few」は？

人とコミュニケーションする際は、あやふやな表現を使わないほうが、通じやすいのは間違いありません。小さいうちから訓練しておきましょう。

5 遊びながら、およそ（約）を知る「コイン遊びトレーニング」

――「コイン遊び」で計算と概算を一気にマスター

ここでは、「およそ（約）」の数字に強くなる「**コイン遊びトレーニング**」を紹介します。

1円玉や10円玉など、机の上に**同じ種類のコインを20枚**用意して、子どもと

10枚、20枚の「量感」をマスターできる「コイン遊びトレーニング」

一緒に遊びます。

はじめは20枚をひと山にして、大ざっぱに2つに分け、子どもに「**多いと思うほうをとりなさい**」と選ばせます。

次は、1枚ずつ並べます。

子どもが1枚、その脇にお母さんも1枚並べます。

2列に並べると、子どもも、どちらが多いのか、すぐわかります。

数えないとわからないうちは、おはじきをさせます。

遊び飽きないよう、積み重ねて高さ比べをしたり、コインを回転させて遊んだり、10枚ずつコインを分けて手に持ち、お母さんのかけ声に合わせて互いに好きな数だけコインを手の中から出して、お母さんと同じ数であれば「勝ち」というようなゲームをしたり、いろいろな遊びの中で**10枚、20枚の「量感」**を身につけさせます。

丸暗記の前に、会話に数字を入れる努力を

また、数遊びにもコインを使います。

お子さんに貯金箱を開けさせ、種類別に10枚ずつ積み上げさせせます。

これは、親子一緒にコインを積み上げる速さを競う遊びです。

このような遊びから得た感覚がお金なら、ひと目で10枚より多い、2〜3枚多い・少ないが誤差なく子どもにも当てられます。

1〜100まで丸暗記させて喜ぶ前に、

「**3つだけ食べていいわよ**」

「**3分待って**」

丸暗記させる前に、会話に数字を入れよう

と**数字を会話に入れる努力**をしてください。
丸暗記を教えるのは、その後です。

ある男の子がいました。

この子は学校の成績はまずまずでしたが、小4のころから少し低迷してきました。親はドリルなどを買い込んで、懸命に勉強させました。

そのとき、私は、勉強ぶりをのぞいてみました。

すると、極めてまじめで、おとなしい子でした。

応用問題を解いているときはよく問題を読んでいますが、提示されている数を使ったわり算がうまくできずに苦戦。まだ数の計算ができずにいました。

その子は、3列ほど計算式を書き、ようやく最後の式で間違いに気づきました。

すると、あわてて消しゴムで消して、用紙を破り始めました。もう散々です。

やる気がないうえ、破ったテスト用紙を見て、半泣き状態です。

遊びの中で数字に強くなる「10円玉トレーニング」

そこで私は、

「**出てくる数は、この数より小さい数よ。計算途中で気がつかなかったほうが問題よ**」

と、**要領のいい答えの出し方**を指導しました。

そんなこともあって、私は毎日1～2時間、同学年の男の子を集めて、**算数遊び**をすることにしました。

500枚の10円玉を早く数えるには、どの方法がいいか考えさせたり、ばらまいた10円玉の表と裏のそれぞれの数を数えさせたり、消しゴムを使わずにしっかりした数字を書かせるなど、**遊びの中で数字に強くなるトレーニング**をし

数字に強くなる「10円玉トレーニング」

たのです。

幼児のときならこんなに時間をかけなくても、感覚的に受け止めて成長させられたでしょう。

でも、この男の子たちは、それまで知恵の輪、寄木細工《よせぎざいく》、迷路、ジグソーパズルなどで遊んだ経験がなく、問題が複雑になると、すぐにお手上げになりました。

算用数字が、速く正確に書けるようになったことで、ようやく式を立てる時間が短くなり、ミスに気づくのが早くなって、自信がついたようです。

長じて大学では、みんな理科系で生物を専攻しました。

●「概算」「およそ」「約」の大切さ

毎年、夏の終わりになると、「概算要求」が新聞、テレビで報道されるようになります。

国の予算をつくるにあたり、各省庁が次年度使いたい金額の見積書を毎年8月末までに財務大臣に提出しないといけません。

実際に使われる金額は国会で審議されて決まりますが、金額が「億」「兆」となるので、各省庁から「だいたいこのくらいという額」＝「概算額」が出されるのです。

年齢を重ねるにつれて、「約」や「概算」の額と、正確な額の両方がわからなければなりません。

競博士のひと言

およそ（約）の数を知るのは、前頭前野の働きです。

「コイン遊びトレーニング」は、それを知るためのものです。

1個1個同じ重さのものをたくさん集め、うまく並べられるかを見て、並んだものの大小、金額、重さなど、およそ（約）の数を言わせ、それが正しいかどうかをチェックします。

ここでは「10円玉トレーニング」を紹介しましたが、**1円玉のアルミ硬貨は重さがちょうど1グラム**なので、コイン遊びに最適です。

こうして学んだことを、日常生活に利用します。

「これから炊くお米は、カップで計らずに握った手の感覚でいうと何グラムか」などというように。

正確な「**計算**」とおよその「**概算**」は、**どちらも大事**です。

親御さんも、お子さんと一緒に数に強くなりましょう。

6

タオルの3つ折り、9つ折りで「量感」を体感

――なぜ、「奇数」になじませるのか？

男の子も女の子も、共通してお手伝いをしたがる時期があります。

このときに、**タオル**をたたませてください。

この過程で、「2分の1は半分」という言葉が、親子の会話の中によく出てくるはずです。

次に、タオルを3等分にして、**「奇数」になじませ**ましょう。

小学生になってから**わり算をモノにできると自信がつき、算数は得意科目**になります。

タオルをたたむときは、最初に右端と左端を重ねて2つ折りにし、さらに半分に折って4つ折りにさせます。

タオルの大きさについては、何も教えません。

お母さんは、**ひたすらその出来栄えをほめ、協力に対し感謝**します。

毎日子どもに洗濯のお手伝いをさせて、4つ折りにたたむことができるようになれば、次は3つ折りを教えましょう。


お母さんはまず、3つ折りの方法を教えてください。

長い布を折りたたむのはそろえにくく難しいので、最初にお母さんが3つ折りをして、子どもにそのタオルを再び3つ折りさせます。

このようにして、タオルを9つ折りにさせます。

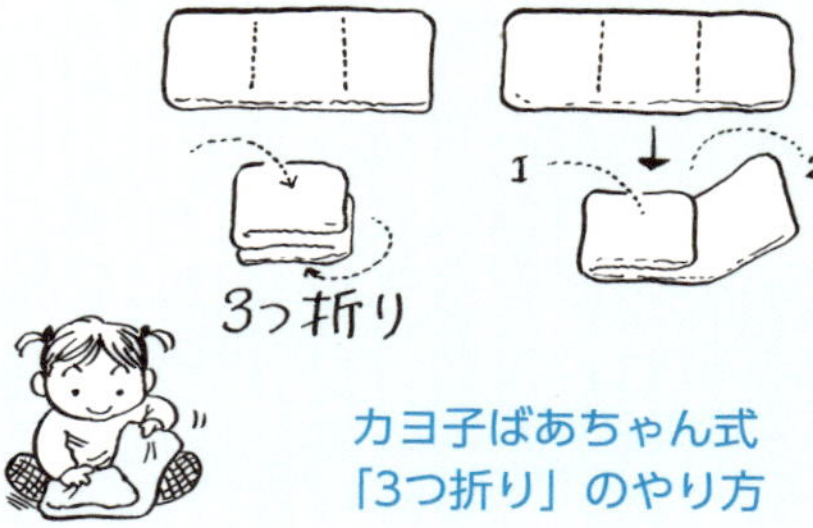

カヨ子ばあちゃん式
「3つ折り」のやり方

●「なぜかな？」は禁句

洗い古しやサイズの違うタオルが混ざると折りづらいので、サイズのそろっ

た新しいタオルを洗濯物の中に混ぜて、毎日お手伝いさせましょう。

同じサイズのタオルを使うと、折り方の違いから、積み重ねたときの高さや厚さの量感も異なります。

これらを教えるのではなく、**子どもが体感するように言葉がけ**をしてください。その際、**「なぜかな？」は禁句**です。

感覚をきたえるのに理屈はいりません。

教えるのは基本的な動きです。

幼児教育でのお母さんの役割は、**子どもが覚えやすく、感覚が受け止めやすい環境を提供することが第一**です。

競博士のひと言

9つ折りは、誰でも練習すればできるようになる技術です。

タオルの9つ折りができれば、折り紙の9つ折りも簡単にできるでしょう。

見て、どう折るか？

だいたいの見当をつけるのは前頭前野、順番にどう折っていくか計画を立てるのも前頭前野で、うまくたためるときは「運動前野」、個々の手の動きはその起こす筋肉を

支配する「運動野」の働きです。

どの場所もよく働けば、早くできるようになります。

7 「リズム運動」と「時間感覚」をとり入れよう
——親と子の知恵比べ

●寝息のリズムを利用する

足と手を洗う、歯を磨くなどの連続した動きのときには、「1、2、3」「1、2、休み」などのリズムがあると、子どもは早く覚え、熟練します。

BGMならぬ、お囃子《はやし》で、お母さんは、

「早くしなさい！　1、2、1、2、マーチですよ、1、2、1、2」

と手をたたいたりして、リズムをとってみてください。

寝息のリズムを活用すると
うまくいく

歌だけではなく、話も身体の動きも、**リズムを上手にとり入れる**と、行動がスムーズになります。

リズムがなんとなくわかると、**時間の長さを感覚にとり入れる**ことができます。

子どもを寝かしつけるときに、**子どもの呼吸に合わせて、背中や肩、胸などをたたき、そのリズムを寝息よりだんだん遅くしていく**と、グズってなかなか寝ない子も、うまく眠ってくれます。

大泣きしている子は、泣きやもうとしても、なかなか泣きやめられないケースがありますが、とても息苦しそうです。

お母さんがいくら声をかけても、止まりません。

その場合は、子どもの呼吸数に合わせて、「**ゆっくり息を吐いて**」と頬を両手で挟み、吐く息に合わせて押しつけ、今度は「**ゆっくり息を吸って**」と言いながら、手の速さを変えていきます。

多くの場合、大きな声を長く出すと次は苦しくなり、短く強く一気に息を吸い込みますが、吸い込む息が強いと興奮状態になってしまいます。

声がけのコツとしては、「泣かないの」と、やさしく背中などをたたいてリズムをとり、テンポを下げます。

そして、「吐いて、吸って」と声をかけます。

「いいかげん、泣きやみなさい」

「なぜ泣いたの?」

と原因を究明したり、たしなめたりせず、わが子の泣くほどの苦しさをとり除くために協力してあげましょう。

親の甘さはしっかり見抜かれている

一方、唇を青くして泣く場合は、**手の平で唇を軽くたたきます**。**早いリズムで、吐く息を押し返すように**たたいてください。

顔を真っ赤にして泣く子や青ざめて泣く子は、どちらも呼吸のリズムが狂っています。吐く・吸うのバランスを欠き、その子は泣くこと以上にイヤな思いでいっぱいです。

大声で泣く子の泣き落としに屈して、お母さんが子どもの要求を通してしまった後、ケロリとしている子は、呼吸をうまく調節できるだけではなく、脳もかなり発達しています。

知恵がついたのはうれしいのですが、お母さんの甘さもしっかり見抜かれています。

お母さんの指示、命令、願いどおりにできたら、子どもは気分がいい。うまくできた体験が多くあればあるほど、子どもは素直に育ちます。

3歳ごろの子どもは、親の育児や働きかけのパターンをよく知っています。**親と子どもの知恵比べの時期**とも言えるでしょう。

このころの子どもは、叱れば泣き、無視すれば増長します。**親の忍耐と我慢のしどころ**です。

競博士のひと言

脳の中でリズムをつくっているところは、**運動前野の内側部分**です。ここが働かなくなると、リズム運動ができなくなります。

運動をする際は、リズムのある声がけをすると、運動が行いやすくなります。足の運動なら、声がけと同時に手も振ります。

音楽（歌う、演奏、作曲）は、リズム感の能力を高めるのにも有効です。

8

「お経式暗算法」で、唱えるだけで数に強くなる！
——算数力がつく「ひとケタのたし算・ひき算」のやり方

●「子どもの計算メカニズムの研究」での大発見とは

それでは、いよいよ、算数、数学に強い子にするために、ひとケタのたし算、ひき算のやり方を紹介しましょう。

これから紹介する「お経式暗算法」のミラクルシートをただお経のように唱えるだけで、みるみる数に強い子になります。

前述のように、**2014〜2015年に、「子どもの計算メカニズムの研究」**

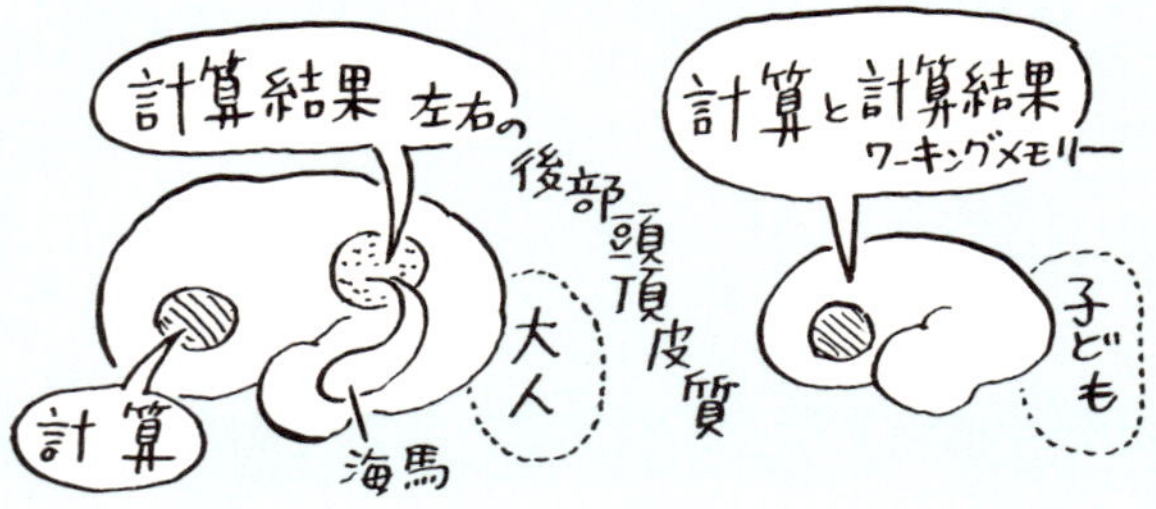

大人と子どもは、使う脳が違う

で**大発見**がありました。

算数教育を根本的に変えなければならないほどの発見です。

それは、**暗算のやり方が大人と子どもで違っている**というのです。

数の計算は、大人も子どもも、前頭前野で行っています。

子どもは、計算結果を**前頭前野**（↓次ページイラスト46の左側、ブロードマンの46野）に「ワーキングメモリー」として記憶していますが、大人は海馬を働かせて、計算結果を左右の**後部頭頂皮質**（↓次ページイラスト39野と40野＝側頭・頭頂連合野）に記憶していることがわかってきました。

子どもは初めて暗算をするので、前頭前野の暗算関連細胞がほとんどありません。

暗算を繰り返していると、神経細胞間の繋がり（シナプス）ができてきて、関連細胞の数も増え、暗算が速くできるようになってきます。

はじめは、計算がのろくて答えをすぐ忘れ、間違えていた子も、ひたすら暗

大人と子どもでは、計算で使う脳が違う

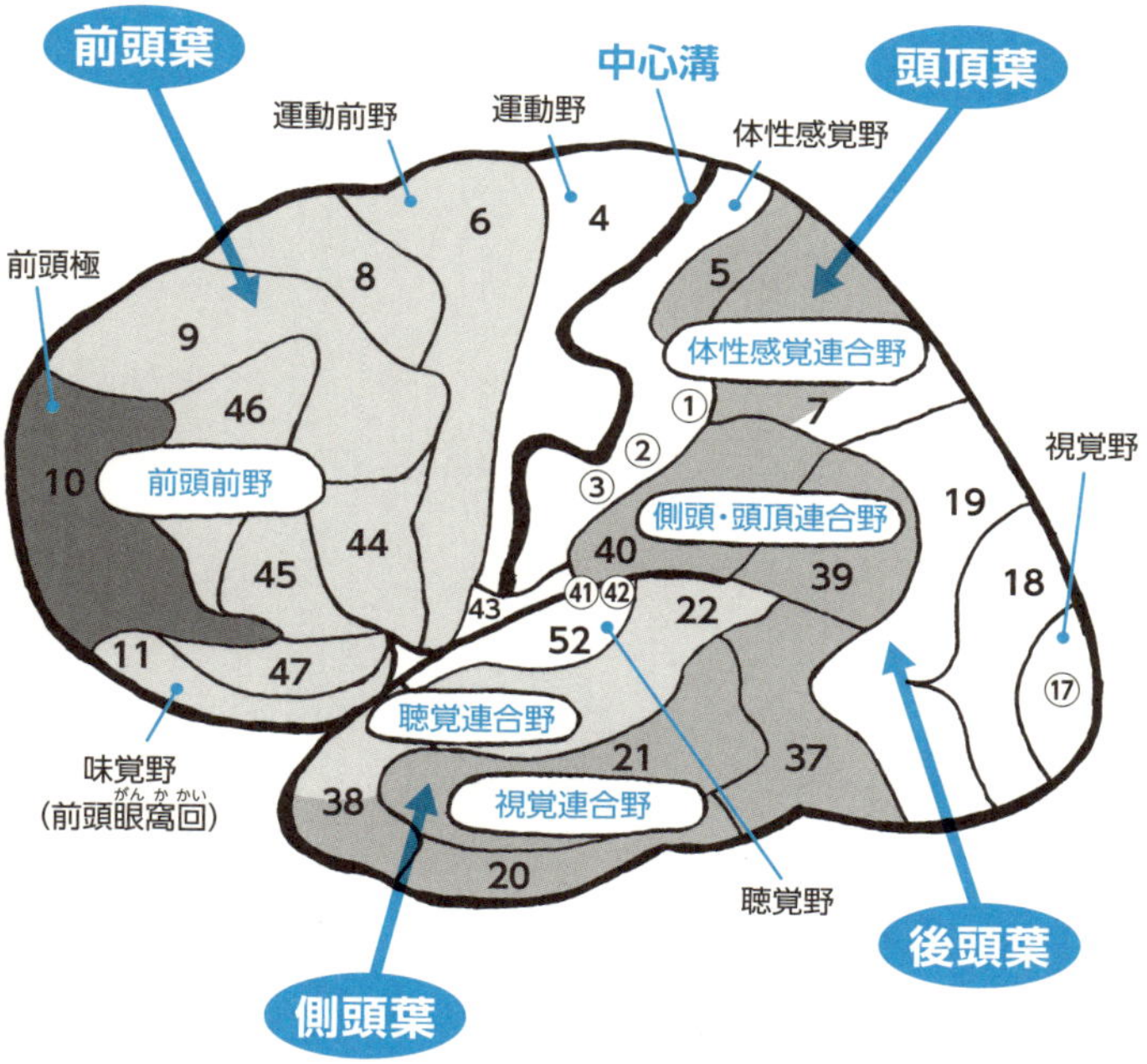

1・2・3野	皮ふからの情報
17・18・19野	目からの情報
39・40野	感覚情報をまとめて理解する領域
41・42野	耳からの情報

※左側の大脳を真横から見た図

算を繰り返していると、前頭前野で覚えている時間が徐々に伸びていきます。
「ワーキングメモリー」としてよく覚えていても、10分ぐらいですが、暗算を繰り返していると、「海馬」が働くようになります。何度も繰り返せば、永久に覚えていられるようになるでしょう。

大人は計算が速くて答えが正確ですし、なかなか答えを忘れません。
子どもの場合でも、数が言えるようになって暗算を繰り返していくと、大人のようにできるようになるのです。

0〜9までのひとケタの数が言えるようになったら、繰り返し暗算をしていくと、みるみる計算に強くなっていきます。

みるみる算数力がつく「ひとケタのたし算」篇

左ページに、「お経のように数を唱えよう！」というかけ声をもとに、初公開の「**お経式暗算法**」の表をつくりました。

これをお風呂で親子で音読すると、非常に効果的ですが、まずはお風呂に入る前に、図1の**ひとケタのたし算**をやってみましょう。

横軸（0〜9）に並んでいる一番上の「0」を見てください。

この「0」の行と縦軸の「＋0」「＋1」「＋2」……を順に足し合わせていきます。

まずは、「0」の行。

準備はいいですか？

お子さんと一緒に、大きな声を出していきましょう。

図1 ｜「お経式暗算法」ひとケタのたし算

ここから
スタート！

	0	1	2	3	4	5	6	7	8	9
+0	0	1	2	3	4	5	6	7	8	9
+1	1	2	3	4	5	6	7	8	9	
+2	2	3	4	5	6	7	8	9		
+3	3	4	5	6	7	8	9			
+4	4	5	6	7	8	9				
+5	5	6	7	8	9					
+6	6	7	8	9						
+7	7	8	9							
+8	8	9								
+9	9									

親子で楽しみながら
やるのがコツ

大きな声を出しながら
楽しくやろう！
ゼロたすゼロは、ゼロ
ゼロたすいちは、いち
ゼロたすには、に

「0＋0＝0」（ゼロ　たす　ゼロ　は　ゼロ）
「0＋1＝1」（ゼロ　たす　いち　は　いち）
「0＋2＝2」（ゼロ　たす　に　は　に）
「0＋3＝3」（ゼロ　たす　さん　は　さん）
「0＋4＝4」（ゼロ　たす　よん　は　よん）
「0＋5＝5」（ゼロ　たす　ご　は　ご）
「0＋6＝6」（ゼロ　たす　ろく　は　ろく）
「0＋7＝7」（ゼロ　たす　なな　は　なな）
「0＋8＝8」（ゼロ　たす　はち　は　はち）
「0＋9＝9」（ゼロ　たす　きゅう　は　きゅう）

次は「1」の行。

「1＋0＝1」（いち　たす　ゼロ　は　いち）
「1＋1＝2」（いち　たす　いち　は　に）
「1＋2＝3」（いち　たす　に　は　さん）

「1＋3＝4」（いち　たす　さん　は　よん）
「1＋4＝5」（いち　たす　よん　は　ご）
「1＋5＝6」（いち　たす　ご　は　ろく）
「1＋6＝7」（いち　たす　ろく　は　なな）
「1＋7＝8」（いち　たす　なな　は　はち）
「1＋8＝9」（いち　たす　はち　は　きゅう）

と、リズムに合わせて、大きな声で読んでいきます。

その次が「2」の行。

「2＋0＝2」（に　たす　ゼロ　は　に）
「2＋1＝3」（に　たす　いち　は　さん）
「2＋2＝4」（に　たす　に　は　よん）
「2＋3＝5」（に　たす　さん　は　ご）
「2＋4＝6」（に　たす　よん　は　ろく）
「2＋5＝7」（に　たす　ご　は　なな）

「2＋6＝8」（に　たす　ろく　は　はち）
「2＋7＝9」（に　たす　なな　は　きゅう）

同様に「3」の行。

「3＋0＝3」（さん　たす　ゼロ　は　さん）
「3＋1＝4」（さん　たす　いち　は　よん）
「3＋2＝5」（さん　たす　に　は　ご）
「3＋3＝6」（さん　たす　さん　は　ろく）
「3＋4＝7」（さん　たす　よん　は　なな）
「3＋5＝8」（さん　たす　ご　は　はち）
「3＋6＝9」（さん　たす　ろく　は　きゅう）

「4」の行。

「4＋0＝4」（よん　たす　ゼロ　は　よん）
「4＋1＝5」（よん　たす　いち　は　ご）

「4＋2＝6」（よん　たす　に　は　ろく）
「4＋3＝7」（よん　たす　さん　は　なな）
「4＋4＝8」（よん　たす　よん　は　はち）
「4＋5＝9」（よん　たす　ご　は　きゅう）

「5」の行。

「5＋0＝5」（ご　たす　ゼロ　は　ご）
「5＋1＝6」（ご　たす　いち　は　ろく）
「5＋2＝7」（ご　たす　に　は　なな）
「5＋3＝8」（ご　たす　さん　は　はち）
「5＋4＝9」（ご　たす　よん　は　きゅう）

「6」の行。

「6＋0＝6」（ろく　たす　ゼロ　は　ろく）
「6＋1＝7」（ろく　たす　いち　は　なな）

「6＋2＝8」（ろく　たす　に　は　はち）
「6＋3＝9」（ろく　たす　さん　は　きゅう）

「7」の行。
「7＋0＝7」（なな　たす　ゼロ　は　なな）
「7＋1＝8」（なな　たす　いち　は　はち）
「7＋2＝9」（なな　たす　に　は　きゅう）

「8」の行。
「8＋0＝8」（はち　たす　ゼロ　は　はち）
「8＋1＝9」（はち　たす　いち　は　きゅう）

「9」の行。
「9＋0＝9」（きゅう　たす　ゼロ　は　きゅう）

これで一度終わります。おつかれさまでした。

大人なら2～3分ですべて言えますが、子どもは時間がかかります。

決してあせってはいけません。

何度もやっていれば、必ずできますから、どうぞご安心ください。

最初は、子どもと一緒に、楽しみながら大声で読むだけでOKです。

●みるみる算数力がつく「ひとケタのひき算」篇

次に、左ページの「**ひとケタのひき算**」も同様にやってみましょう。

横軸の「9」から「0」の行と縦軸の「−0」を順番にひき算します。

「9−0=9」（きゅう ひく ゼロ は きゅう）

「9−1=8」（きゅう ひく いち は はち）

「9−2=7」（きゅう ひく に は なな）

「9−3=6」（きゅう ひく さん は ろく）

「9−4=5」（きゅう ひく よん は ご）

「9−5=4」（きゅう ひく ご は よん）

「9−6=3」（きゅう ひく ろく は さん）

図2｜「お経式暗算法」ひとケタのひき算

ここから
スタート!

	9	8	7	6	5	4	3	2	1	0
−0	9	8	7	6	5	4	3	2	1	0
−1	8	7	6	5	4	3	2	1	0	
−2	7	6	5	4	3	2	1	0		
−3	6	5	4	3	2	1	0			
−4	5	4	3	2	1	0				
−5	4	3	2	1	0					
−6	3	2	1	0						
−7	2	1	0							
−8	1	0								
−9	0									

ひき算もへっちゃら！
何回も読んでみてね！

きゅう ひく ゼロは、きゅう
きゅう ひく いちは、はち
きゅう ひく に は、なな

「9－7＝2」（きゅう　ひく　なな　は　に）
「9－8＝1」（きゅう　ひく　はち　は　いち）
「9－9＝0」（きゅう　ひく　きゅう　は　ゼロ）

同様に、横軸の「8」～「0」もやってみてください。
「8」の行。

「8－0＝8」（はち　ひく　ゼロ　は　はち）
「8－1＝7」（はち　ひく　いち　は　なな）
「8－2＝6」（はち　ひく　に　は　ろく）
「8－3＝5」（はち　ひく　さん　は　ご）
「8－4＝4」（はち　ひく　よん　は　よん）
「8－5＝3」（はち　ひく　ご　は　さん）
「8－6＝2」（はち　ひく　ろく　は　に）
「8－7＝1」（はち　ひく　なな　は　いち）
「8－8＝0」（はち　ひく　はち　は　ゼロ）

「7」の行。

「7－0＝7」（なな　ひく　ゼロ　は　なな）
「7－1＝6」（なな　ひく　いち　は　ろく）
「7－2＝5」（なな　ひく　に　は　ご）
「7－3＝4」（なな　ひく　さん　は　よん）
「7－4＝3」（なな　ひく　よん　は　さん）
「7－5＝2」（なな　ひく　ご　は　に）
「7－6＝1」（なな　ひく　ろく　は　いち）
「7－7＝0」（なな　ひく　なな　は　ゼロ）

「6」の行。

「6－0＝6」（ろく　ひく　ゼロ　は　ろく）
「6－1＝5」（ろく　ひく　いち　は　ご）
「6－2＝4」（ろく　ひく　に　は　よん）
「6－3＝3」（ろく　ひく　さん　は　さん）

「6－4＝2」（ろく ひく よん は に）
「6－5＝1」（ろく ひく ご は いち）
「6－6＝0」（ろく ひく ろく は ゼロ）

「5」の行。
「5－0＝5」（ご ひく ゼロ は ご）
「5－1＝4」（ご ひく いち は よん）
「5－2＝3」（ご ひく に は さん）
「5－3＝2」（ご ひく さん は に）
「5－4＝1」（ご ひく よん は いち）
「5－5＝0」（ご ひく ご は ゼロ）

「4」の行。
「4－0＝4」（よん ひく ゼロ は よん）
「4－1＝3」（よん ひく いち は さん）

「4－2＝2」（よん　ひく　に　は　に）
「4－3＝1」（よん　ひく　さん　は　いち）
「4－4＝0」（よん　ひく　よん　は　ゼロ）

「3」の行。

「3－0＝3」（さん　ひく　ゼロ　は　さん）
「3－1＝2」（さん　ひく　いち　は　に）
「3－2＝1」（さん　ひく　に　は　いち）
「3－3＝0」（さん　ひく　さん　は　ゼロ）

「2」の行。

「2－0＝2」（に　ひく　ゼロ　は　に）
「2－1＝1」（に　ひく　いち　は　いち）
「2－2＝0」（に　ひく　に　は　ゼロ）

「1」の行。

「1－0＝1」（いち　ひく　ゼロ　は　いち）

「1－1＝0」（いち　ひく　いち　は　ゼロ）

「0」の行。

「0－0＝0」（ゼロ　ひく　ゼロ　は　ゼロ）

これを私は、「**お経式暗算法**」と呼んでいますが、「ひとケタのたし算・ひき算」がマスターできると、**小学1年修了時の算数の基本**が身についたことになります。

158～161ページに「ひとケタのたし算・ひき算」をまとめておきました。ぜひとも、早期から子どもに覚えさせてください。

前頭前野だけで計算をやっているときには、余分なカウンティング行動が現れ、ワーキングメモリーを助けていますが、暗算を繰り返して海馬が働くよう

になると、カウンティング行動は減っていきます。
カウンティング行動がなくなって覚えられたら、「ひとケタのたし算・ひき算」が習得できたことになります。

最新の脳科学の論文によると、高校生に大学入学試験を受けさせ、成績を調べたところ、小さいころから暗算をしていた子のほうが成績がよくなる傾向がありました。これは、**後部頭頂皮質の前方部**（↓140ページイラストの右側前半分、ブロードマンの40野）がよく働くようになるという報告があります。

5	6	7	8	9
5 5たす0は、5	6 6たす0は、6	7 7たす0は、7	8 8たす0は、8	9 9たす0は、9
6 5たす1は、6	7 6たす1は、7	8 7たす1は、8	9 8たす1は、9	
7 5たす2は、7	8 6たす2は、8	9 7たす2は、9		
8 5たす3は、8	9 6たす3は、9			
9 5たす4は、9				

お経のように
ただ唱えるだけで、
算数力がアップ!!

図3｜ひと目でわかる「ひとケタのたし算」

ここからスタート!

	0	1	2	3	4
+0	0 0たす0は、0	1 1たす0は、1	2 2たす0は、2	3 3たす0は、3	4 4たす0は、4
+1	1 0たす1は、1	2 1たす1は、2	3 2たす1は、3	4 3たす1は、4	5 4たす1は、5
+2	2 0たす2は、2	3 1たす2は、3	4 2たす2は、4	5 3たす2は、5	6 4たす2は、6
+3	3 0たす3は、3	4 1たす3は、4	5 2たす3は、5	6 3たす3は、6	7 4たす3は、7
+4	4 0たす4は、4	5 1たす4は、5	6 2たす4は、6	7 3たす4は、7	8 4たす4は、8
+5	5 0たす5は、5	6 1たす5は、6	7 2たす5は、7	8 3たす5は、8	9 4たす5は、9
+6	6 0たす6は、6	7 1たす6は、7	8 2たす6は、8	9 3たす6は、9	
+7	7 0たす7は、7	8 1たす7は、8	9 2たす7は、9		
+8	8 0たす8は、8	9 1たす8は、9			
+9	9 0たす9は、9				

4	3	2	1	0
4 4ひく0は、4	3 3ひく0は、3	2 2ひく0は、2	1 1ひく0は、1	0 0ひく0は、0
3 4ひく1は、3	2 3ひく1は、2	1 2ひく1は、1	0 1ひく1は、0	
2 4ひく2は、2	1 3ひく2は、1	0 2ひく2は、0		
1 4ひく3は、1	0 3ひく3は、0			
0 4ひく4は、0				

小学校の入学式前に
小1修了時の算数を
らくらくマスター!!

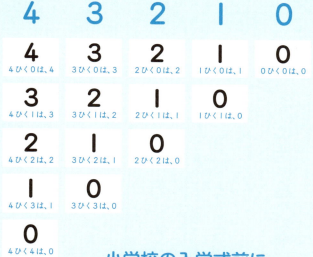

図4 ひと目でわかる「ひとケタのひき算」

ここから
スタート!

	9	8	7	6	5
−0	9 9ひく0は、9	8 8ひく0は、8	7 7ひく0は、7	6 6ひく0は、6	5 5ひく0は、5
−1	8 9ひく1は、8	7 8ひく1は、7	6 7ひく1は、6	5 6ひく1は、5	4 5ひく1は、4
−2	7 9ひく2は、7	6 8ひく2は、6	5 7ひく2は、5	4 6ひく2は、4	3 5ひく2は、3
−3	6 9ひく3は、6	5 8ひく3は、5	4 7ひく3は、4	3 6ひく3は、3	2 5ひく3は、2
−4	5 9ひく4は、5	4 8ひく4は、4	3 7ひく4は、3	2 6ひく4は、2	1 5ひく4は、1
−5	4 9ひく5は、4	3 8ひく5は、3	2 7ひく5は、2	1 6ひく5は、1	0 5ひく5は、0
−6	3 9ひく6は、3	2 8ひく6は、2	1 7ひく6は、1	0 6ひく6は、0	
−7	2 9ひく7は、2	1 8ひく7は、1	0 7ひく7は、0		
−8	1 9ひく8は、1	0 8ひく8は、0			
−9	0 9ひく9は、0				

9

初公開！　お風呂で唱えるだけで小1修了時の算数力がつく！

――お風呂でらくらく「お経式暗算法」

お風呂ではいろいろなことが学べますから、**学習の場**として積極的に活用しましょう。

まずは、**赤ちゃんのころから、お風呂におもちゃを持ち込まない習慣**をつけてください。

お風呂に入ったら、まず身体を洗いながら、自分の身体を使って遊びます。

赤ちゃんはバチャバチャと水面をたたいて飛び散る水玉に大喜びし、目にお湯が入ったら息を止め、耐えます。

そうしてお湯の性質まで知り、お風呂の中で手を動かすと、抵抗があることも感じとります。

お風呂でないと、学習できないことがいっぱいあるのです。

自分の身体をていねいに洗ってくださいね

全身の洗い方（歩けるころから）

お風呂に入ったら、手洗いから始めましょう。

ボディーソープをつけて泡立てたら、指の間までしっかり洗い、ゆすぎます。

次に、手の泡で足の指を洗い、足首まで洗わせましょう。

何度もつぎたして泡立て、耳の後ろ、おヘソの穴、お尻のまわりをやさしく、ゆっくり洗わせます。


「**おヘソはそろっと、右の人差し指でクルリンと1回、左の人差し指でクルリンと1回**」

と、自分の身体をやわらかく扱うべきことを、一連の動作の中で覚えてもらいます。

少しずつ始めて回数を重ね、全身を洗えるようになったら、顔を最後に洗わせます。

足りない部分はお母さんが手助けしてあげましょう。

私は、**スポンジやタオルを使わせず、手だけで全身を洗わせました。**

髪の洗い方（言葉どおりに行動できるころから）

次に、お子さんを浴室の鏡の前にすわらせ、お母さんは後ろから洗髪を教えます。

1 子どもの手の平にシャンプーをたらし、髪の毛の上に擦り込ませます。前から後頭部にまんべんなくつけてから、洗面器の中のお湯に両手をつけさせ、頭の上で十分に泡立てます。

2　顔にシャンプーがたれないように、額の生え際は乾いたタオルで拭き、顔は少し上向き加減にさせ、鏡を見ながら行います。洗面器のお湯で再び手を濡らし、シャンプーを泡立て、何度も両手で泡を立てては、その泡で頭の地肌を指先でこすらせます。

3　ボディーソープを両手ですくいとらせ、手、腕、肩、脇の下と洗わせます。何度も髪の泡をすくいとらせ、全身を手で洗わせます。泡がなくなったら、再び手でシャンプーを泡立て、洗面器のお湯がなくなるまで髪の泡を立てさせます。「背中まで手が届くかな？」と声がけをして、顔にシャンプーがしたたり落ちないように気をつけます。

4　洗い終えたら、髪の毛に残る泡を乾いたタオルで拭きとらせ、お湯に濡らし、きつく絞った同じタオルを両手で額、眉（目は押さえない）の上に押しつけさせ、「**お湯を流すからしっかりと持っててね**」と言って、髪にお湯を流し

これで大丈夫！
いよいよお風呂学習です！

てあげます。

慣れたら目を開けさせると、前を見ることもできるようになります（普通、顔さえ濡れなければ平気なものです）。

お湯を流すときは、額の生え際から勢いよく流します。

お母さんは、片手で髪をほぐしながら、シャンプーをとっていき、片手で洗面器の湯を流します。

1回流したら、頭を拭いてタオルを絞り、子どもに両手でタオルを押さえさせます。これを2～3回繰り返します。

だんだん慣れてきたら、タオルを離させ、お湯をかけている間に顔を洗わせます。このようにすると、徐々にシャワーを使えるようになります。

●「お風呂で唱えるだけで算数力がアップ！『お経式暗算法』ミラクルシート」を使うと、なぜ効果的なのか？

さあ、身体を洗い終えたら、「お経式暗算法」の始まりです。

これは、リビングルームや子ども部屋でもできますが、親子の声が響き合う**お風呂でやると、学習効果が一段と増します**。

お風呂だと、正しく答えられているか、すぐにわかります。

脳科学的に言うと、お風呂での学習がなによりも効果的なのは、肌と肌の触れ合いで働く「**C線維カレス系システム**」を機能させて、母子ともに気持ちよい状態で唱えるからです。

お風呂の中で楽しく遊びながら、小学1年修了時の算数力の基本が身につく。

こんないいことはありません。

ここからは、巻末特典にある「**お風呂で唱えるだけで算数力がアップ！『お経式暗算法』ミラクルシート**」をとり出し、お湯につけてお風呂の壁に貼ってみてください。

表面《おもて》に「ひとケタのたし算」、裏面に「ひとケタのひき算」があります。

これは脳科学の権威・久保田競が考案したもので、**本邦初公開**のものです。

「ひとケタのたし算・ひき算」を声に出して読むだけで、「0《ゼロ》の概念」が自然

お風呂で親子一緒に唱えるだけでOK！

と身につくシートになっています。ぜひ遊びながら賢くなってください。

用意はできましたか？

142ページ以降の要領で、まずは「ひとケタのたし算」、それができたら150ページ以降の「ひとケタのひき算」を、それぞれ1行ずつていねいに、親子で声に出して読んでいきます。

お子さんが数字を覚えていない場合は、指や棒でその数字を指し示し、その都度、お母さん、お父さんが、読み上げ、声に出してみてください。

「お経式暗算法」をこなしていくと、徐々にムダなカウンティング行動が減ってきます。

かなりマスターしてきたな、と見通しが立ったところで、「○たす×」「○ひく×」の「たす」と「ひく」は唱えずに、「○」や「×」の数字だけの「お経式暗算法」にしてもOKです。こうやって、**数字だけ早く言えるほうが、前頭前野がよく働く**ようになるからです。

競博士のスーパーエリート養成・特別講義

わが子を本当に頭がいい「一流」にしたい方へ

最後に、「ひとケタのたし算・ひき算」をマスターされ、さらに上のレベルのトレーニングがほしいという方へ、「2ケタのたし算・ひき算」と「ひとケタのかけ算・わり算」を紹介します。

文部科学省の『小学校学習指導要領解説 算数編』では、第1学年の算数の内容を次のようにしています。

【第1学年の目標】

(1) 具体物を用いた活動などを通して、数についての感覚を豊かにする。数の意味や表し方について理解できるようにするとともに、加法及

び減法の意味について理解し、それらの計算の仕方を考え、用いることができるようにする。

(2) 具体物を用いた活動などを通して、量とその測定についての理解の基礎となる経験を重ね、量の大きさについての感覚を豊かにする。

(3) 具体物を用いた活動などを通して、図形についての理解の基礎となる経験を重ね、図形についての感覚を豊かにする。

(4) 具体物を用いた活動などを通して、数量やその関係を言葉、数、式、図などに表したり読み取ったりすることができるようにする。

第1学年の「A数と計算」では、2位数までの数の意味や表し方について指導する。学年間でのスパイラルとして、簡単な場合についての3位数も取り扱う。計算では、1位数どうしの加法及びその逆の減法について指導し、

それらを確実に身に付けるようにする。学年間でのスパイラルとして、簡単な場合についての2位数の加法及び減法も取り扱う。

「B量と測定」では、長さ、面積、体積を直接比べることについて指導する。量の単位と測定について理解する上で基盤となる素地的な学習活動としてのねらいがある。また、日常生活の中で時刻を読めるように指導する。

「C図形」では、身の回りにあるものの形について指導し、平面図形と立体図形の両方を取り扱う。図形について理解する上で基盤となる素地的な学習活動としてのねらいがある。

「D数量関係」では、加法及び減法の場面を式に表すことや、ものの個数を絵や図などを用いて表すことについて指導する。

（出典：文部科学省『小学校学習指導要領解説 算数編』２００８年６月）

この資料はインターネットでも見ることができます。

これまで、ひとケタのたし算とひき算の暗算ができたら「小学1年修了時の算数の基本が身につく」と述べてきました。

ただ、直近では、文部科学省が、算数の指導をやや強化する方針が現場で実行され、小学1年の算数でも、

「3ケタの数も取り扱う」

「簡単な2ケタのたし算とひき算も扱う」

ようになりました。

よって、ひとケタのたし算、ひき算ができただけでは「ほぼ小学1年修了時の学力がついた」というのが正確な記述です。

ただ、私は、「ひとケタのたし算・ひき算」の暗算以外のことは、これさえできれば、徐々にできると考えていて、算数力アップのキモはなによりも、**「ひとケタのたし算・ひき算」**にあると考えています。

だからこそ、巻末特典の「お風呂で唱えるだけで算数力がアップ！『お経式暗算法』ミラクルシート」も、「ひとケタのたし算・ひき算」に絞ったのです。

早期から、「ひとケタのたし算・ひき算」の暗算さえやっておけば、非常に有利なことは確かですから、ぜひとも楽しみながら、お風呂で音読してみてください。

エリート養成「お経式暗算法」2ケタの「たし算」のやり方

ここでは、「2ケタのたし算・ひき算」もマスターしてみたい、という方のために、「2ケタのたし算・ひき算のトレーニング」を用意しました。

基本的なやり方は、ひとケタのたし算と同じです。

「0」～「9」の横軸に、縦軸の「+10」～「+19」を順に足していきます。

まず、「0」の行から「+10」の列を「+19」まで順に足し合わせ、最後の「9+10=19」で終わりです。

174～175ページの図5を見ながらやってみてください。

次に、176～177ページの図6を見ながら、横軸の「10」の行から「+0」の列を「+9」まで順に足し合わせ、最後の「19+0=19」までやってみましょう。

5	6	7	8	9
15 5たす10は、15	16 6たす10は、16	17 7たす10は、17	18 8たす10は、18	19 9たす10は、19
16 5たす11は、16	17 6たす11は、17	18 7たす11は、18	19 8たす11は、19	
17 5たす12は、17	18 6たす12は、18	19 7たす12は、19		
18 5たす13は、18	19 6たす13は、19			
19 5たす14は、19				

「0+10=10」から Let's try!

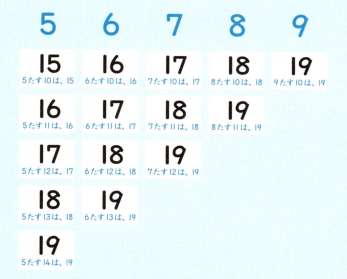

図5｜「お経式暗算法」2ケタのたし算①

ここから
スタート!

	0	1	2	3	4
+10	10 0たす10は、10	11 1たす10は、11	12 2たす10は、12	13 3たす10は、13	14 4たす10は、14
+11	11 0たす11は、11	12 1たす11は、12	13 2たす11は、13	14 3たす11は、14	15 4たす11は、15
+12	12 0たす12は、12	13 1たす12は、13	14 2たす12は、14	15 3たす12は、15	16 4たす12は、16
+13	13 0たす13は、13	14 1たす13は、14	15 2たす13は、15	16 3たす13は、16	17 4たす13は、17
+14	14 0たす14は、14	15 1たす14は、15	16 2たす14は、16	17 3たす14は、17	18 4たす14は、18
+15	15 0たす15は、15	16 1たす15は、16	17 2たす15は、17	18 3たす15は、18	19 4たす15は、19
+16	16 0たす16は、16	17 1たす16は、17	18 2たす16は、18	19 3たす16は、19	
+17	17 0たす17は、17	18 1たす17は、18	19 2たす17は、19		
+18	18 0たす18は、18	19 1たす18は、19			
+19	19 0たす19は、19				

15	16	17	18	19
15 15たす0は、15	16 16たす0は、16	17 17たす0は、17	18 18たす0は、18	19 19たす0は、19
16 15たす1は、16	17 16たす1は、17	18 17たす1は、18	19 18たす1は、19	
17 15たす2は、17	18 16たす2は、18	19 17たす2は、19		
18 15たす3は、18	19 16たす3は、19			
19 15たす4は、19				

「10+0=10」から
やってみよう!

15たす0は、15
15たす1は、16
15たす2は、17
15たす3は、18
15たす4は、19

図6 「お経式暗算法」2ケタのたし算②

ここから
スタート!

	10	11	12	13	14
+0	10 10たす0は、10	11 11たす0は、11	12 12たす0は、12	13 13たす0は、13	14 14たす0は、14
+1	11 10たす1は、11	12 11たす1は、12	13 12たす1は、13	14 13たす1は、14	15 14たす1は、15
+2	12 10たす2は、12	13 11たす2は、13	14 12たす2は、14	15 13たす2は、15	16 14たす2は、16
+3	13 10たす3は、13	14 11たす3は、14	15 12たす3は、15	16 13たす3は、16	17 14たす3は、17
+4	14 10たす4は、14	15 11たす4は、15	16 12たす4は、16	17 13たす4は、17	18 14たす4は、18
+5	15 10たす5は、15	16 11たす5は、16	17 12たす5は、17	18 13たす5は、18	19 14たす5は、19
+6	16 10たす6は、16	17 11たす6は、17	18 12たす6は、18	19 13たす6は、19	
+7	17 10たす7は、17	18 11たす7は、18	19 12たす7は、19		
+8	18 10たす8は、18	19 11たす8は、19			
+9	19 10たす9は、19				

エリート養成「お経式暗算法」2ケタの「ひき算」のやり方

次に、2ケタのひき算にチャレンジです。

こちらも、ひとケタのひき算と同じ要領です。180～181ページの図7を見てください。

横軸の「19」～「10」の行から、縦軸の「－0」～「－9」の列を順に引いていき、最後の「10－0＝10」で終わりです。

たし算、ひき算をマスターされた方へは特別なプレゼントがあります。

スーパーエリート児向けの「ひとケタのかけ算・わり算」の「お経式暗算法」（182ページ以降）も用意しました。これができるようになると、算数の能力がかなり高くなります。

これでエリート小学生!

19ひく0は、19
19ひく1は、18
19ひく2は、17
19ひく3は、16

3時になったらおやつよ

あと3つむけば終わり

1 3、5、
⋮ 2、4、

0《ゼロ》!!

14	13	12	11	10
14 14ひく0は、14	13 13ひく0は、13	12 12ひく0は、12	11 11ひく0は、11	10 10ひく0は、10
13 14ひく1は、13	12 13ひく1は、12	11 12ひく1は、11	10 11ひく1は、10	
12 14ひく2は、12	11 13ひく2は、11	10 12ひく2は、10		
11 14ひく3は、11	10 13ひく3は、10			
10 14ひく4は、10				

「19−0=19」から
大きな声で楽しくいこう!

19ひく0は、19
19ひく1は、18
19ひく2は、17
19ひく3は、16
19ひく4は、15

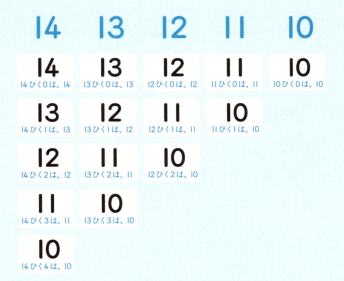

図7｜「お経式暗算法」2ケタのひき算

ここから
スタート!

	19	18	17	16	15
−0	19 19ひく0は、19	18 18ひく0は、18	17 17ひく0は、17	16 16ひく0は、16	15 15ひく0は、15
−1	18 19ひく1は、18	17 18ひく1は、17	16 17ひく1は、16	15 16ひく1は、15	14 15ひく1は、14
−2	17 19ひく2は、17	16 18ひく2は、16	15 17ひく2は、15	14 16ひく2は、14	13 15ひく2は、13
−3	16 19ひく3は、16	15 18ひく3は、15	14 17ひく3は、14	13 16ひく3は、13	12 15ひく3は、12
−4	15 19ひく4は、15	14 18ひく4は、14	13 17ひく4は、13	12 16ひく4は、12	11 15ひく4は、11
−5	14 19ひく5は、14	13 18ひく5は、13	12 17ひく5は、12	11 16ひく5は、11	10 15ひく5は、10
−6	13 19ひく6は、13	12 18ひく6は、12	11 17ひく6は、11	10 16ひく6は、10	
−7	12 19ひく7は、12	11 18ひく7は、11	10 17ひく7は、10		
−8	11 19ひく8は、11	10 18ひく8は、10			
−9	10 19ひく9は、10				

●スーパーエリート養成「お経式暗算法」ひとケタの「かけ算」のやり方

ここでは、さらにわが子を「スーパーエリート」にしたい親御さんのために、あえて「**ひとケタのかけ算**」を紹介します。

ひとケタのかけ算は、小学2年生で習います。

ひとケタ・2ケタのたし算・ひき算をマスターされた方だけやってみてください。できなくてもまったく落ち込む必要はありません。余裕のある方だけやってください。ひとケタのたし算、ひき算さえしっかりできていれば、算数力は日増しにアップしてきますので。

では、さっそくやっていきましょう。

184～185ページの図8を見てください。

やり方は、たし算、ひき算と同じです。横軸の数字「0」〜「9」の行を縦軸の「×0」「×1」「×2」……「×9」にかけていきます。

ひとつずつていねいに、親子で読み上げていきましょう。

「0 かける 0 は 0」〜「0 かける 9 は 0」
「1 かける 0 は 0」〜「1 かける 9 は 9」
「2 かける 0 は 0」〜「2 かける 9 は 18」
「3 かける 0 は 0」〜「3 かける 9 は 27」
「4 かける 0 は 0」〜「4 かける 9 は 36」
「5 かける 0 は 0」〜「5 かける 9 は 45」
「6 かける 0 は 0」〜「6 かける 9 は 54」
「7 かける 0 は 0」〜「7 かける 9 は 63」
「8 かける 0 は 0」〜「8 かける 9 は 72」
「9 かける 0 は 0」〜「9 かける 9 は 81」

かけ算もたし算・
ひき算と同じ！
声に出して音読し
てみよう！

0かける0は、0
0かける1は、0
0かける2は、0
0かける3は、0
0かける4は、0
0かける5は、0
0かける6は、0
0かける7は、0
0かける8は、0
0かける9は、0

1かける0は、0
1かける1は、1
1かける2は、2
1かける3は、3
1かける4は、4
1かける5は、5
1かける6は、6
1かける7は、7
1かける8は、8
1かける9は、9

2かける0は、0
2かける1は、2
2かける2は、4
2かける3は、6
2かける4は、8
2かける5は、10
2かける6は、12
2かける7は、14
2かける8は、16
2かける9は、18

3かける0は、0
3かける1は、3
3かける2は、6
3かける3は、9
3かける4は、12
3かける5は、15
3かける6は、18
3かける7は、21
3かける8は、24
3かける9は、27

4かける0は、0
4かける1は、4
4かける2は、8
4かける3は、12
4かける4は、16
4かける5は、20
4かける6は、24
4かける7は、28
4かける8は、32
4かける9は、36

5かける0は、0
5かける1は、5
5かける2は、10
5かける3は、15
5かける4は、20
5かける5は、25
5かける6は、30
5かける7は、35
5かける8は、40
5かける9は、45

6かける0は、0
6かける1は、6
6かける2は、12
6かける3は、18
6かける4は、24
6かける5は、30
6かける6は、36
6かける7は、42
6かける8は、48
6かける9は、54

7かける0は、0
7かける1は、7
7かける2は、14
7かける3は、21
7かける4は、28
7かける5は、35
7かける6は、42
7かける7は、49
7かける8は、56
7かける9は、63

8かける0は、0
8かける1は、8
8かける2は、16
8かける3は、24
8かける4は、32
8かける5は、40
8かける6は、48
8かける7は、56
8かける8は、64
8かける9は、72

9かける0は、0
9かける1は、9
9かける2は、18
9かける3は、27
9かける4は、36
9かける5は、45
9かける6は、54
9かける7は、63
9かける8は、72
9かける9は、81

図8 ｜「お経式暗算法」ひとケタのかけ算

ここから
スタート！

	0	1	2	3	4	5	6	7	8	9
×0	0	0	0	0	0	0	0	0	0	0
×1	0	1	2	3	4	5	6	7	8	9
×2	0	2	4	6	8	10	12	14	16	18
×3	0	3	6	9	12	15	18	21	24	27
×4	0	4	8	12	16	20	24	28	32	36
×5	0	5	10	15	20	25	30	35	40	45
×6	0	6	12	18	24	30	36	42	48	54
×7	0	7	14	21	28	35	42	49	56	63
×8	0	8	16	24	32	40	48	56	64	72
×9	0	9	18	27	36	45	54	63	72	81

スーパーエリート養成「お経式暗算法」ひとケタの「わり算」のやり方

次に、188〜189ページの図9にある「ひとケタのわり算」です。

これまで同様、横軸の「9」〜「0」を、縦軸の「÷9」〜「÷0」でそれぞれわってみましょう。わり算は小学3年生で習います。

「9　わる　9　は　1.00」〜「9　わる　0　は　ダメ」
「8　わる　9　は　0.89」〜「8　わる　0　は　ダメ」
「7　わる　9　は　0.78」〜「7　わる　0　は　ダメ」
「6　わる　9　は　0.67」〜「6　わる　0　は　ダメ」
「5　わる　9　は　0.56」〜「5　わる　0　は　ダメ」
「4　わる　9　は　0.44」〜「4　わる　0　は　ダメ」

「3　わる　9　は　0.33」～「3　わる　0　は　ダメ」
「2　わる　9　は　0.22」～「2　わる　0　は　ダメ」
「1　わる　9　は　0.11」～「1　わる　0　は　ダメ」
「0　わる　9　は　0」～「0　わる　0　は　ダメ」

ここで紹介した、「ひとケタのかけ算・わり算」は、小学2～3年生で習いますので、できなくてもまったく気にしないでください。

あくまでも、「たし算」と「ひき算」がマスターできて、さらにその上を行きたいというお子さん、親御さん向けのものです。

ただ、「かけ算・わり算」の世界は奥が深く、この暗算だけをマスターすれば、小学2～3年修了時の学力がついたと断言はできません。このほかにも、身につけないといけない算数の知識がたくさんあるからです。

ただ、スーパーエリートを目指すうえで、チャレンジする価値は十分にあります。余裕のある方は、早期からやってみてください。

わり算ができたら、
あなたもスーパー
エリート小学生!!

9わる9は、1.00
9わる8は、1.13
9わる7は、1.29
9わる6は、1.50
9わる5は、1.80
9わる4は、2.25
9わる3は、3.00
9わる2は、4.50
9わる1は、9.00
9わる0は、ダメ

8わる9は、0.89
8わる8は、1.00
8わる7は、1.14
8わる6は、1.33
8わる5は、1.60
8わる4は、2.00
8わる3は、2.67
8わる2は、4.00
8わる1は、8.00
8わる0は、ダメ

7わる9は、0.78
7わる8は、0.88
7わる7は、1.00
7わる6は、1.17
7わる5は、1.40
7わる4は、1.75
7わる3は、2.33
7わる2は、3.50
7わる1は、7.00
7わる0は、ダメ

6わる9は、0.67
6わる8は、0.75
6わる7は、0.86
6わる6は、1.00
6わる5は、1.20
6わる4は、1.50
6わる3は、2.00
6わる2は、3.00
6わる1は、6.00
6わる0は、ダメ

5わる9は、0.56
5わる8は、0.63
5わる7は、0.71
5わる6は、0.83
5わる5は、1.00
5わる4は、1.25
5わる3は、1.67
5わる2は、2.50
5わる1は、5.00
5わる0は、ダメ

4わる9は、0.44
4わる8は、0.50
4わる7は、0.57
4わる6は、0.67
4わる5は、0.80
4わる4は、1.00
4わる3は、1.33
4わる2は、2.00
4わる1は、4.00
4わる0は、ダメ

3わる9は、0.33
3わる8は、0.38
3わる7は、0.43
3わる6は、0.50
3わる5は、0.60
3わる4は、0.75
3わる3は、1.00
3わる2は、1.50
3わる1は、3.00
3わる0は、ダメ

2わる9は、0.22
2わる8は、0.25
2わる7は、0.29
2わる6は、0.33
2わる5は、0.40
2わる4は、0.50
2わる3は、0.67
2わる2は、1.00
2わる1は、2.00
2わる0は、ダメ

1わる9は、0.11
1わる8は、0.13
1わる7は、0.14
1わる6は、0.17
1わる5は、0.20
1わる4は、0.25
1わる3は、0.33
1わる2は、0.50
1わる1は、1.00
1わる0は、ダメ

0わる9は、0
0わる8は、0
0わる7は、0
0わる6は、0
0わる5は、0
0わる4は、0
0わる3は、0
0わる2は、0
0わる1は、0
0わる0は、ダメ

図9 | 「お経式暗算法」ひとケタのわり算
(2ケタの小数点、3ケタ目を四捨五入)

ここから
スタート!

	9	8	7	6	5	4	3	2	1	0
÷9	1.00	0.89	0.78	0.67	0.56	0.44	0.33	0.22	0.11	0
÷8	1.13	1.00	0.88	0.75	0.63	0.50	0.38	0.25	0.13	0
÷7	1.29	1.14	1.00	0.86	0.71	0.57	0.43	0.29	0.14	0
÷6	1.50	1.33	1.17	1.00	0.83	0.67	0.50	0.33	0.17	0
÷5	1.80	1.60	1.40	1.20	1.00	0.80	0.60	0.40	0.20	0
÷4	2.25	2.00	1.75	1.50	1.25	1.00	0.75	0.50	0.25	0
÷3	3.00	2.67	2.33	2.00	1.67	1.33	1.00	0.67	0.33	0
÷2	4.50	4.00	3.50	3.00	2.50	2.00	1.50	1.00	0.50	0
÷1	9.00	8.00	7.00	6.00	5.00	4.00	3.00	2.00	1.00	0
÷0	ダメ	ダメ	ダメ	ダメ	ダメ	ダメ	ダメ	ダメ	ダメ	ダメ

特別コラム

20世紀の大天才、アインシュタインの脳は「1230グラム」あった！

アルバート・アインシュタイン（1879〜1955）はドイツ生まれの理論物理学者です。アインシュタインは、電磁波の動きはニュートン力学では説明できないと考え、「相対性理論」を発展させ、1921年にノーベル物理学賞を受賞しています。

子どものころは、言葉がうまくしゃべれなかったので、自閉症だったのでは、と考えている医師がいました。

16歳のときに、チューリッヒ連邦工科大学の入学試験を受けましたが、合格点に達せず、不合格でした。しかし、物理学と数学は受験生の中で一番よかったので、当時の学長が「高等学校（ギムナジウム）へ1年間行くことを条件」にして合格させました。

卒業後、1902年にはベルンにあるスイス特許庁に就職しました。

その後、波乱万丈な人生を送り、1955年4月15日、腹部大動脈瘤破裂でプリンストン病院（ニュージャージー州）に入院、4月18日に76歳で生涯を終えています。

アインシュタインの死体解剖は、プリンストン病院の病理学者であるトーマス・ハーベイ医学博士が行い、脳をとり出しましたが、「**1230グラム**」あったと記載されています（脳を保管するには、ホルマリン漬けにする必要があり、そのために1割ほど脳は軽くなる。よってアインシュタインの脳は、これより1割くらい重かったと推定され、普通の人よりもかなり大きい脳だった）。

脳はホルマリン固定されて、写真撮影が行われ、保存されました。

1978年になってハーベイ博士の所持品の中に、アインシュタインの脳があることがわかりました。

2010年からは、アインシュタインの脳は国立保健医学博物館（メリーランド州シルバースプリング）に移され、一般の人でも観察できるようになって

います。

アインシュタインの脳やその写真を調べる研究が最近になって報告されているので紹介します。

D・フォークが2009年に「アルバート・アインシュタインの脳についての新しい情報」を、2012年に、D・フォークらが「アルバート・アインシュタインの大脳皮質：今までに発表されていない写真の記載と予備分析」などを報告しました。

これらに発表されたデータから、上から見た「アインシュタインの前頭葉」を紹介します。巻頭カラー口絵の⑧ページを見てください。

Aが前頭前野を「上」から撮った画像です。

Bが前頭前野を「左」から撮った画像です。

Cが前頭前野を「右」から撮った画像です。

アインシュタインの脳は、普通の人より大きいことが特徴的です。

A、B、Cの太く赤い線が「中心溝」ですが、普通の人より長くて、くねく

ね曲がっています。

アインシュタインは、6歳のときから終生、バイオリンを引いていました。長期にわたって、弦を指で動かしたために大きくなったと思われます。

長くなった中心溝は、ギリシャ文字のΩ（オメガ）がひっくり返った形から、**「逆オメガ・カーブ」**と呼ばれています。

脳外科で脳の手術をするときに、逆オメガ領域を電気刺激したら、指が動いたという報告があります。

アインシュタインは、日々、数を使って考えることをしたために、側頭・頭頂連合野（後部頭頂皮質）で数の処理をする下部頭頂皮質も普通の人より大きいことが報告されています。

神経細胞の数や繋がりが増え、大きくなり、よく働いたのだろうと思われます。

子どものときにうまくしゃべれなかったことが、よい影響を与えたのか、悪い影響を与えたのかはわかりませんが、アインシュタインほど数を使えば、彼の脳と同じほどの大きさになり、同じほど働くようになると思われます。

エピローグ
――久保田家に起こった「クボタメソッド」の知られざるエピソード

●4歳の長男が記憶力の非凡さを示した

1960（昭和35）年、私は東京大学大学院の学生で猫の脊髄《せきずい》の反射機構の研究をしていました。

学位論文はすでに医学雑誌で出版されていて、1年ほどたてば、医学博士の学位を得て、どこかに就職する予定でした。

しかし突然、指導教授の時実利彦《ときざねとしひこ》先生に、「アメリカへ留学しませんか」と言われたのです。

研究が面白かったのでいったんは断ったのですが、「ともかく、だまされた

と思って行ってください」と頼まれました。

やむをえず、家内（久保田カヨ子）は仕事を辞め、必要な旅費100万円は両親が50万円ずつ捻出し（当時はすごい大金で、サラリーマンの月収は2万円台の時代）、1960年12月1日に羽田から出発しました。

行く先はオレゴン州立医科大学の生理学教室。

アメリカ生理学会の会長をしたり、生理学専門誌の編集委員や編集長をして小脳で業績を挙げていた、J・M・ブルックハルト教授の研究室でした。

サンフランシスコで国際線から国内線に飛行機を乗り換え、そこから教授に電話をかけました。

米国で長距離電話がかけられるようになったのは1920年ごろですが、米国なので米国式で電話をかけなければなりませんでした。

まず、公衆電話で交換手に誰にかけるかを言います。「person to person call（指名通話）」か「collect call（料金受信者払いの通話）」かを言い、料金をコイン（空港で大量に集めるのが大変）で投入するとつないでくれました。

先方は、外国人が直接電話をかけてきたので、ビックリ！
教授は空港へ迎えにきてくれました。
教授のワゴン車でホテルへ向かったのですが、当時4歳の長男はその車を見て、**「何年型のダッジ！」**と言ったので、教授が驚きました。
本物の米国車を初めて見て、「何年型車だ」と言えたのです。

長男は、モデルカーのおもちゃが好きで、輸入もののおもちゃカーを手に入れて遊んでいたのです。前頭前野をきたえると、長期記憶も短期記憶も記憶能力が高まります。

それから半年ほどたって太平洋沿岸に貝拾いに行ったのですが、すぐそばで小さい竜巻が発生！　急いで長男を吸い上げ、体が30㎝ほど空中に浮き上がりました。

すぐに着地して、親子ともどもケガはなかったのですが、これが竜巻を見た初体験でした。

最近、日本でも、竜巻が発生したので、50年以上前の「竜巻事件を覚えてる

か？」と長男に聞いたところ、「覚えている」という返事で、そのときの周りの風景を刻銘に説明してくれました。

聞きながら、そんなことをよく覚えているなあと感心しました。

この事件を家族で話題にしたことは一度もなかったからです。

小4になった次男を連れて米国留学体験

米国滞在中、ニューヨークのロックフェラー大学の友人の脳科学者の研究室に滞在することがありました。

米国生まれの次男も希望したので、アメリカ大使館で、USパスポートを発行してもらい同行させ、ホテル生活を3か月ほど続けたことがあります。

私は研究室へ、次男は近くの小学5年生の教室へ（日本では小学4年生）。

1か月ほどたったころ、受け持ちの先生が手紙をくれ、様子を説明してくれ

ました。

それを読むと……

「次男は英語で話し合うのは難しいが、黒板に数式を書くと、答えをすぐに書いてくれるすぐれた生徒である」とありました。

数字のケタ数が多くなっても、次男はきっちり四則演算は簡単にできていたので、そう評価されたのだろうと思いました。

そのころから、級友がホテルへ遊びにくるようになり、中には親を連れてくる子どももいました。

友人となった母親のひとりが、歌手で、ホテルのカクテルバーで歌っていました。

私を同伴してくれたので、いろんなホテルのバーで無料のカクテルを飲むことができ、昼は研究、夜はバー見学をして、忙しくも楽しい米国生活でした。

久保田カヨ子は、数学の天才・岡潔に教えてもらったことが！

数学者の岡潔《おかきよし》氏が第20回文化勲章を受章されたのは、1960（昭和35）年11月3日（文化の日）です。

この直後、私たち夫婦と長男が米国のポートランドへ向かいました。

そのころの岡潔博士は、脳に興味を持たれ、恩師・時実利彦教授と交流されていました。

数学と脳と岡潔氏について、時実先生と議論したことがあります。

そんなころ、妻の久保田カヨ子が「**私はこの人を知っている！**」と言い出しました。

日本が米国に敗れた1945年ごろ、カヨ子は和歌山県の橋本に疎開しており、小学校の同級生に岡博士の長女「すがね」ちゃんがいて、仲よしだったの

です。

絵が好きだったカヨ子は河原に出て、よく写生をしていました。

そんなとき、変なおじさんが突然現れて、描いた絵を消して、変な数式を書いて説明してくれたと言います。

それが一度でなく、何度もあったそうです。

その変なおじさんが岡博士だったのです！

詳細を調べることがないまま渡米したので、岡博士がカヨ子に何を教えたのか、なぜそんなことをしたのか、わからずじまいです。

でも、カヨ子によると、岡博士からいろいろな話を聞いたそうです。

今のカヨ子を数字好きにした一因に、岡博士の存在があると確信しています。

競博士が「サルの赤ちゃん教育」を始めた

１９７０年代に私がサルで明らかにしたことに、「**前頭前野の神経細胞は、刺激を受けて反応するとき、受けた刺激がどんな刺激で、どんな反応をしなければならないかを短期記憶していて、しばらくたってから反応する**」というものがありました。

サルでも、反応することと、記憶することをひとつの神経細胞がするので、高級な認知ができるようになると考えることができます。

１９９２年にヒトの脳血量の変化を調べることができるようになり、１９９８年にヒトでもそうであることが明らかになりました。

「いない、いない、ばあ」は、このような反応です。

ヒトの赤ちゃんが、お母さんの顔を見ないで眼前にあることを3秒間覚えていられるようになるのは生後6か月ごろ。

サルなら、いつごろできるようになるか。

当時はまったくわかっていなかったので、私が調べることにしました。

生まれたサルの赤ちゃんを、母親ザルから離し、私と助手3人で子育て特訓をやりました。

夜暗くなったころから、朝明るくなるまでは私が担当。

すると、サルが3秒間覚えていられるようになるのに3か月かかりました。

ヒトより早いのは、脳の発達の仕方がサルのほうが早いからです。

一番の苦労は、サルの秀才をどうやって早く育てるかでしたが、サルは教えてくれないので、試行錯誤で最良の方法を見つけていきました。

この研究結果を、1994年に発表しました。

特訓された子ザルは、それまでに経験したことのない行動をするようになりました。

実験者が報酬として与えるリンゴの小片が遅れたり、やり間違えたりすると、

実験者のほうを見て、何か言いたげです。

「早くやれ」「失敗するな」という顔つきも賢そうでした。

算数力を磨くと、将来必ずいいことがあります。

本書をフルに活用され、お子さんがすくすく育つことを期待しております。

京都大学名誉教授・医学博士　久保田　競

［著者］

久保田　競（Kisou Kubota）

京都大学名誉教授、医学博士。

世界で最も権威がある脳の学会「米国神経科学会」で行った研究発表は、日本人最多の100点以上にのぼり、現代日本において「脳、特に前頭前野の構造・機能」研究の権威。2011年、瑞宝中綬章受章。

1932年、大阪生まれ。1957年に東京大学医学部卒業後、同大学院に進学。当時、脳研究の第一人者であった時実利彦教授に師事し、脳神経生理学を学ぶ。大学院３年目に米国・オレゴン州立医科大学に留学。J・M・ブルックハルト教授のもとで、脳科学における世界最先端の研究に従事。帰国後、東京大学大学院を経て、1967年に京都大学霊長類研究所神経生理研究部門助教授に就任。1973年、同教授に就任し、同研究所所長を歴任する。1996年、定年により退官、同大学名誉教授に就任。

日本福祉大学情報社会科学部教授、同大学院教授を経て、2007年より国際医学技術専門学校副校長に就任、現在に至る。

特定医療法人大道会・森之宮病院顧問。ブレインサイエンス振興財団理事。

朝４時半起きで仕事をする「朝活」を50年以上実践。ジョギングは30年以上、毎日続けている。

著書に、『１歳からみるみる頭がよくなる51の方法』『赤ちゃん教育——頭のいい子は歩くまでに決まる』『あなたの脳が９割変わる！　超「朝活」法』（以上、ダイヤモンド社）、『新版 赤ちゃんの脳を育む本』『２～３才からの脳を育む本』（以上、主婦の友社）、『天才脳をつくる０歳教育』『天才脳を育てる１歳教育』『天才脳を伸ばす２歳教育』『天才脳をきたえる３・４・５歳教育』（以上、大和書房）などベスト＆ロングセラー多数。

久保田カヨ子（Kayoko Kubota）

1932年、大阪生まれ。

脳科学の権威である京都大学名誉教授・久保田競氏の妻で２人の息子の母。

約30年前に、日本における伝統的な母子相伝の育児法を見直しながら、自身がアメリカ在住時と日本で実践してきた出産・育児経験をもとに、夫・競氏の脳科学理論に裏づけされた、“０歳から働きかける”久保田式育児法〈クボタメソッド〉を確立。この20年で3000人以上の赤ちゃんの脳を活性化させてきた。テレビなどで「脳科学おばあちゃん」として有名。2008年、株式会社『脳研工房』を立ち上げ、現在代表取締役。

累計38万部突破のシリーズ『０歳からみるみる賢くなる55の心得』『１歳からみるみる頭がよくなる51の方法』『カヨ子ばあちゃん73の言葉』『カヨ子ばあちゃんの男の子の育て方』『カヨ子ばあちゃんのうちの子さえ賢ければいいんです。』『赤ちゃん教育——頭のいい子は歩くまでに決まる』『カヨ子ばあちゃんの子育て日めくり』（以上、ダイヤモンド社）、『脳科学おばあちゃん久保田カヨ子先生の誕生から歩くまで０～１才 脳を育むふれあい育児』（共著、主婦の友社）、監修に、クラシックCD『カヨ子おばあちゃんの元気なクラシック』（エイベックス）などベスト＆ロングセラー多数。

ズバッとした物言いのなかに、温かく頼りがいのあるアドバイスが好評。

【脳研工房HP】
http://www.umanma.co.jp/

小学校前にみるみる算数力がつく15の習慣

——お風呂で唱えるだけで算数力がアップ！「お経式暗算法」ミラクルシート付き

2016年7月7日　第1刷発行

著　者——久保田 競＋久保田カヨ子
発行所——ダイヤモンド社
〒150-8409　東京都渋谷区神宮前6-12-17
http://www.diamond.co.jp/
電話／03･5778･7234（編集）　03･5778･7240（販売）
装丁————重原　隆
撮影————堀内慎祐
イラスト——おかべりか
本文デザイン——布施育哉
本文DTP&製作進行—ダイヤモンド・グラフィック社
印刷————勇進印刷（本文）・慶昌堂印刷（カバー）
製本————ブックアート
編集担当——寺田庸二

ISBN 978-4-478-06896-0